서사 비평이란 무엇인가?

마크 알렌 포웰 지음
이 종 록 옮김

대한예수교장로회총회교육자원부 편

한국장로출판사

What is Narrative Criticism?

by
Mark Allan Powell

tr. by
Lee Jong-Lock

Copyright © 1990 Augsburg Fortress

1993

Publishing House
The Presbytererian Church of Korea
Seoul, Korea

차 례

서사비평이란 무엇인가? / 성경이야기 연구

차 례

역자 서문 / 7
편집자 서문 / 17
저자 서문 / 19

제1장 이야기로서의 성경 ································· 21
   1. 성경과 문학비평 / 21
   2. 문학비평과 역사비평 / 30

제2장 독서방법들 ····································· 35
   1. 구조주의 / 37
   2. 수사비평 / 40
   3. 독자-반응비평 / 42
   4. 서사비평 / 47

제3장 이야기와 담론 ·································· 53
   1. 관점 / 54
   2. 이야기 전개과정 / 56
   3. 상징과 아이러니 / 60
   4. 서사이야기의 기법들 / 67

제4장 사 건 ·· 71
   1. 사건에 대한 서사적 이해 / 72
   2. 연구의 실제 : 마태복음의 플롯 / 85

제5장 등장인물 ·· 95
    1. 등장인물에 대한 서사적 이해 / 96
    2. 연구의 실제 : 공관복음서의 종교지도자들 / 106

제6장 배 경 ·· 121
    1. 배경에 대한 서사적 이해 / 123
    2. 연구의 실제 : 마가복음의 배경 / 130

제7장 성경으로서의 이야기 ························· 145
    1. 서사비평의 장점 / 146
    2. 서사비평에 대한 반대주장들 / 155
    3. 확장된 해석학 / 165

부 록 : 서사비평을 주석에 사용하는 방법 ·········· 171

  약어표 / 176
  각 주 / 177
  참고문헌 / 203

역자 서문

　성경을 어떻게 읽을 것인가? 이것은 우리가 속한 신앙공동체에 있어 매우 중요한 문제이다. 기독교는 성경에 근거하고 있기 때문이다. 그런데 "지난 1세기 이상 지속되어 온 성경연구의 주도적인 방식은 역사비평 방법이었다. 사실 여러 연구방법들의 결정체인 이 방법은 성경자료에 대한 객관적이고 과학적인 분석을 통해서, 성경이 기록된 시대의 삶과 사상을 재구성해 내고자 한다. 예를 들어, 자료비평(source criticism)은 복음서 기자들이 각 복음서를 기록할 때 사용한 자료들을 추적해 내려고 한다. 양식비평(form criticism)은 개별적인 전승단위들이 복음서에 포함되기 이전에 갖고 있던 삶의 정황을 밝혀 내는 데 힘을 기울인다. 편집비평(redaction criticism)은 복음서 기자들이 자료를 수집하고 개별 전승단위들을 배열한 방식을 관찰함으로써, 복음서 기자들의 신학과 편집의도를 찾아 내고자 한다. 이러한 연구방법들은 복음서 전수의 과정에서 중요한 시기들, 다시 말해서, 역사적 예수의 시대, 초대교회의 구전전승 시대, 또 복음서 기자들에 의해서 복음서가 최종형성되던 시대의 모습을 밝혀 내려는 공통된 열망을 갖고 있다."

그동안 역사적-비평적 방법으로 성경을 읽도록 강요받으면서, 우리는 소중한 것들을 얼마나 많이 잃어버렸던가? 물론 역사적-비평적 성경읽기를 통해서 구약학은 놀라운 발전을 해온 것이 사실이다. 그러나 우리는 학문적인 결과들을 얻으면서, 구약성경의 서사성을 상실해 버렸다.

> "하지만 이 모든 방법들은 한스 프라이(Hans Frei)가 1874년에 밝힌 대로, 복음서의 서사(敍事)적인 성격을 신중하게 다루지 못했다는 결정적인 한계를 갖고 있다. 복음서는 예수에 관한 잡다한 자료집이 아니다. 복음서는 처음부터 마지막까지 연속적으로 읽히도록 의도되었지, 각 구절들의 상대적인 가치를 밝혀 내기 위해서, 분해하고 검증하도록 된 책이 아니다. 역사비평 방법은 이 책들을 이루고 있는 각각의 문서들에 관심을 기울이면서 이야기 자체가 아닌, 이야기의 배후에 있는 역사적인 정황을 해석해 내고자 했다."

그래서 우리는 노만 페터슨(Norman R. Petersen)이 했던 질문을 할 수 밖에 없다. "성경본문들이 어떤 것에 대한 증빙자료로서 다루어지기 전에 먼저 성경본문 자체의 측면에서 이해되어서는 안되는가?"

제임스 바가 말한 대로, 성경연구는 역사, 신학, 문학의 세 가지 차원을 가지고 있다. 그런데 우리는 그동안 역사에만 매달려 왔다. 그래서 신학과 문학적인 측면은 거의 무시되다 싶이 했다. 물론 벨하우젠에 의해서 대표되는 문학비평 작업도 있었지만, 그것은 구약성경의 역사비평에 보조역할을 할 뿐 이었다. 과거의 사실확인이라는 역사비평에 치중하면서, 우리는 성경이 갖고 있는 그 귀중한 이야기들을 모두 잃어버렸다. 믿음의 조상 아브라함과 그의 아내 사라의 이야기, 외아들 이삭을 모리아산에서 제물로 바치려고 하던 그 절박한 순간을 묘사한 이야기, 삼손의 로망스, 홍해바다, 여리고가 무너지는 그 놀라운 사건들…… 우리는 그 매혹적인 이야기의 세계에서 벗어나, 항상 현실로 돌아오도록 강요되었다. 그래서 성경은 우리에게 창문이었지, 거울은 아니었다.

"이러한 연구방법들 사이의 차이점은 창문과 거울의 비유로 적절히 설명되어 왔다. 역사비평은 본문을 창문으로 간주하고, 비평가는 그것을 통해서 다른 시대와 장소에 대한 어떤 것을 알고자 한다. 그래서 본문은 독자와 독자가 추구하는 통찰 사이에 서 있으며, 통찰이 얻어질 수 있는 수단들을 제공한다. 이와는 반대로 문학비평은 본문을 거울로 간주한다. 비평가는 본문을 보려고 하며, 그것을 통해서 다른 무엇을 보려고는 하지 않는다. 그리고 독자는 본문 자체와 만남으로써 새로운 사실들을 발견하게 된다."

우리는 성경을 통해서 성경본문 자체가 아닌 다른 무엇인가를 찾으려고 노력했다. 무엇보다도 성경에 매개된 역사를 찾으려고 했다. 그러면서 성경이 전해 주는 특이한 세계는 거부해버린 것이다. 우리는 성경에 기록된 다윗과 솔로몬의 모습보다는 역사가 밝혀 내는 그들의 모습에 도취되었다. 그리고 성경의 신비스럽고 독특한 언어를 모든 사람들이 이해할 수 있는 보편적이고 객관적이며, 현실적인 언어로 바꾸기 위해서 노력해왔다. 그러면서 너무나 많은 소중한 것들을 잃어버렸다. 기적이나 초자연적인 하나님의 역사는 누구에게나 경험될 수 있는 역사적인 사건으로 번역되었다. 뿐만 아니라, 우리는 성경을 머리로 읽도록 교육을 받아왔기에, 가슴으로 읽지 못했다.

"종종 이야기되는 것처럼, 문학비평은 본문의 시적인 기능(poetic function)을 다루고 역사비평은 본문의 사실대조 기능(referential function)을 다룬다. 이것은 서사이야기가 사실을 어느 정도 반영하는지를 생각하지 않고도, 문학비평가들이 그 이야기를 감상할 수 있음을 의미한다. 서사이야기 세계는 그 역사성에 비추어서 평가되기보다는 오히려 있는 그대로 수용되어지고 경험되어지는 것이다. 신약성경의 복음서를 보면, 하나님은 하늘에서 명확한 음성으로 말씀하시며, 환상적인 기적들이 다반사로 일어나며, 인간들은 천사와 마귀들과 같은 영적인 존재들과 자유롭게 교류한다. 이러한 측면들은 사실 대조기능의 관점, 다시 말해서 본문이 현실세계를 얼마나 정확하게 반영하고 있는가에 따라서 복음서 서사이야기를 평가하는 역사비평가들에게는 때로 문제시 된다. 하지만 문학비평가는 이러한 요소들이 이야기를 만드는 데 어떻게 기여하며, 그 이야기가 독자들에게 어떤 영향을 미치는가를 밝히는 데 흥미가 있다.

우리는 성경의 계시성도 역사에 빼앗겨버렸다. 성경은 하나님의 말씀을 전해 주는 책이 아니게 되었다. 하나님의 말씀인 성경을 연구한다면서, 대담하게 성경의 본문을 파괴하고, 성경의 맥을 끊어 놓았다. 이스라엘 백성들이 그들의 역동적인 삶을 통해서, 마치 바다제비가 입으로 끈끈한 분비물을 내어서 집을 지어 놓듯이, 그렇게 엮어온 성경을 낱낱이 흐트러 놓고, 그 단편단편들만을 읽도록 했다. 그 동안 성경을 통일성있게 읽어온 사람들은 성경은 그렇게 읽는 것이 아니라고 호된 비난을 받아야 했다. 성경을 통합적으로 읽는 것은 비학문적이고 비성서적인 자세로 간주되었다. 그래서 모두들 성경을 해체하고 재구성하는 데 전문가가 되기 위해서 발버둥을 쳐왔다. 성경은 전체적으로 통일성없는 단편들의 수집들에 불과할 뿐이었다. 이렇게 해체된 본문들은 역사성에 비추어서 비판적으로 이해되었다. 그러므로 하나님의 말씀도, 이스라엘 백성들의 삶의 체취도 느낄 수 없었다. 성경은 이제 더이상 하나님의 말씀이 아니었다. 그곳에는 하나님의 초월적인 힘이 미칠 공간이 없었다.

우리는 성경을 그렇게만 읽도록 강요받아왔다. 그것만이 유일한 방법인 것처럼 생각해야 했다. 이제 와서 아무리 변명을 해도, 성경은 인간의 기록 이외에는 아무것도 아니었다. 우리는 하나님의 말씀이 아닌 인간의 말을 읽으면서, 그것이 어떻게 하나님의 말씀으로 선포될 수 있는지에 대해서는 해답을 듣지 못했다. 이제는 그 해답을 찾아야 할 때가 되었다.

"성경연구에서 해석학은 성경의 권위와 영감에 관한 문제들에 초점을 맞춘다. 모든 기독교 공동체들이 이러한 일치가 어떻게 규명되어야 하는가에 대해서는 상이한 생각들을 갖고 있다고 해도, 성경을 하나님의 말씀으로 인정하는 데는 주저하지 않는다. 기독교인들은 최소한 성경이 역사의 중요한 시점들에서 주어져 온 신적인 계시의 기록들을 담고 있다고 믿는다. 성경은 오늘날 우리들에게는 충분한 신학적인 의미를 주는 영감된 사람들의 기록과 하나님의 행동의 보고들을 담고 있다."

"서사비평을 효과적으로 사용하기 위해서는 이보다 더 폭넓은 해석학의 전개가 있어야 한다. 서사비평은 계시가 지금도 텍스트와 대면할 때 일어나는 사건이라고 생각한다. 성경은 하나님께서 과거에 사람들에게 어떻게 말씀하셨는가에 대한 기록임에 분명하지만, 그것은 또한 하나님께서 오늘 사람들에게 말씀하시는 통로이기도 하다. 해석학적인 의미는 텍스트 읽기(또는 듣기)의 현재적 행동에 주어질 수 있다."

"만약 하나님이 역사를 통해서 처럼 이야기를 통해서 말씀하실 수 있다면, 이 이야기들의 시적인 증언은 그 사실대조적인 증언만큼 오늘날 우리들에게 의미를 준다."

역사적-비평적 성경읽기가 많은 학문적인 업적을 남긴 것이 사실이다. 이것은 아무도 부인할 수 없다. 그러나 그것이 전통적인 성경읽기를 대체하는 것이 되어서는 안되는 것이었다. 역사적－비평적 성경읽기가 결코 성경읽기의 최종단계가 되어서는 안 되는 것이었다. 그것은 목표가 아니고, 과정일 뿐이기 때문이다.

우리는 비평이전 시대와 비평시대를 지나서 비평이후의 시대에 살고 있다. 다원화된 세계에서 기독교 공동체의 특수성과 성경의 계시성을 다시 찾으려는 노력들을 하고 있다. 그래서 '두 번째 순진함'(second naivete)의 시대를 살고 있고, 새로운 성경읽기방법들이 제시되고 있으며, 그 소개가 아직은 체계적이지도 않고, 구체적이지도 않지만, 어쨌든 우리나라에도 도입되고 있다. 역사적－비평적 성경읽기를 강조하던 사람들이 이제는 통합적인 성경읽기를 급하게 수용해 들이고 있다. 통합적으로 성경을 읽으려고 하던 사람들에게 통합적인 성경읽기를 체계적으로 할 수 있도록 방법론을 제시해 주는 데에는 관심을 기울이지 않고, 그 통합적인 성경읽기가 잘못이나 있는 것처럼, 비판하고 그것을 깨뜨려 버리는 데 힘을 쏟던 사람들이, 이제는 역사적－비평적 방법론의 한계를 지적하고, 성경의 통합성을 강조하는 문학적인 성경읽기를 그 대안으로 받아들이고 있다. 그러나 그들의 정신성은 여전히 역사적－비평적 성경읽기에 세뇌되어 있다. 그러다보니 여러 가지 혼동들이 일어나기도 한다. 문학적인 개념들을 제대로 파악하지 못하고 용어 사용에 있어서 잘못을 범하고 있다. 이러한 상황에서 포웰의 책은 서사비평에 대해서 우리에게 많은 것을 알려 주는, 길잡이와도 같은 책이다. 적은 분량에, 여러 가지 개념정리를 명확하게 할 뿐만 아니라, 이론과 실제적인 적용을 간명하면서도 효율적으로 제시한다는 것은 분명 그의 탁월한 능력이다. 물론 서사비평 연구실제가 신약의 복음서에 국한 되었다는 점이 아쉽기는 하다. 앞으로 구약을 서사비평적인 방법으로 연구한 그들이 소개될 것으로 믿는다.

역자 서문 13

　　포웰은 서사비평을 소개하면서, 서사비평의 장점뿐만 아니라, 그 한계에 대해서도 명확하게 밝히고 있다. 특히 성경의 문학성을 강조할 때, 성경의 묘사와 역사적인 실재와의 간격을 어떻게 해소할 것인가 하는 점을 지적한다. 성경에 묘사된 세계는 실제 역사적인 세계와는 상당한 격차를 보인다. 이것을 어떻게 해소할 것인가? 앞에서 말한 대로, 성경연구는 역사와 신학, 그리고 문학의 세 측면이 다 고려되어야 한다. 서사비평은 문학적인 측면을 강조한다. 그래서 신학적인 측면은 성서신학에, 역사적인 측면은 여전히 역사비평에 맡겨야 한다. 그리고 필요하다면 다양한 신학들의 연구결과뿐만 아니라, 일반 학문의 도움도 받아야 한다. 서사비평은 유일한 방법이 아니고, 많은 성경읽기 방법 중의 하나일 뿐이다.

　　"상이한 주석적인 연구방법들은 하나의 고리에 끼워져 있는 여러 열쇠들에 비유할 수 있을 것이다. 여러 열쇠들은 각기 문을 열고 상이한 유형의 연구결과들을 저장하게 된다. 서사비평은 이전에는 학자들에게 닫혔던 몇몇 문들을 열어 줄 수 있었을 것이다. 그것은 신앙의 사람들이 성경에 대해서, 그리고 성경본문의 의미에 대해서 묻는 질문들에 대한 답을 제공해 줄 것이다. 그러나 그것이 모든 문을 다 열어 주지는 않는다. 신앙의 사람들에게 매우 중요한 어떤 질문들에 대해서 서사비평이 대답할 수 없는 경우도 있다. 그 질문들 중에는 역사비평적인 연구에 맡겨져야 할 것도 있다. 어떤 문제들은 성경연구 이외의 분야에서 도움을 받아야 하는 경우도 있을 것이다. 그래서 예수께서 마태복음 13 : 52에서 말씀하시는 지혜로운 서기관은 새 것과 옛 것을 모두 보관한다. 이와 마찬가지로 앞으로도 지혜로운 성경해석자는 가능한한 완벽한 열쇠 꾸러미를 가지려고 할 것이다."

　　"이렇듯 상이한 두 연구방법들은 서로 다른 철학적인 모형들에 기초하고 있어서, 각자 다양한 유형의 연구결과를 산출해 낼 것으로 보인다. 문학비평은 본문의 의미를 기술함에 있어서, 본문이 저자와 독자 사이에 의사소통케 하는 측면에 더 많은 관심을 기울이고자 하며, 역사비평은 본문의 의미를 본문의 기원과 발전과정의 측면에서 기술하려고 한다. 그래서 이 연구결과들은 결코 상충되지 않으며, 이 두 모형들은 개별적으로 또 상호보완적인 방식으로 적절히 사용될 수 있는 가능성을 갖고 있는 것이다."

무엇보다도 포웰은 성경연구가 학자들의 전유물이 아님을 명백히 한다. 그래서 목회자들이 성경말씀을 주석하고 설교하면서 이 서사비평 방법을 적용할 수 있도록 배려하고 있다. 그는 서사비평이 성경본문 자체에 초점을 두고, 역사적인 배경이 불확실한 본문을 깊이 이해할 수 있도록 해주기 때문에, 전문적인 성경연구자나 일반 평신도들이 모두 동일한 결과에 이를 수 있음을 강조한다. 이것은 매우 중요한 의미를 갖는다. 그동안 성경해석에 있어서, 신학교와 교회가 많은 이견을 보여왔기 때문이다. 그리고 서사비평이 신앙공동체에 기여하는 성경해석을 가능케 한다는 점을 강조한다. 또한 서사비평이 다양한 해석을 수용하기 때문에, 교회공동체를 하나로 묶어 주는 힘을 갖고 있고 교회연합 운동을 가능케 한다고 말한다. 가장 중요한 것은, 서사비평적 연구가 개인적이고 사회적인 변혁을 일으키는 차원에서 성경이야기를 읽도록 해준다는 것이다. 이런 점에서 서사비평은 목회자들이 사용하기에 무리가 없는 방법으로 제시된다. 포웰의 책을 읽으면서 느낀 점은 그가 새로운 방법을 제시한다기 보다, 과거신앙의 선조들이 사용해 온 방법들을 학문적으로 체계화하고 구체화했다는 것이다. 그래서 우리나라의 전통적인 성경읽기 방법도 비학문적이고 비성서적인 것으로 매도하지 말고, 깊이 연구해서 학문적인 체계를 갖출 수 있었으면 좋겠다고 생각했다. 그리고 목회자들이 선호하는 성경연구 방법들, 예를 들면 벤엘, 크로스웨이, 트리니티 등의 방법들도 비학문적인 것으로만 치부하지 말고, 그것을 학자들의 논의의 대상이 될 수 있도록 체계화하는 작업도 필요하다고 본다. 그래서 목회자들에게도 도움을 주고, 일반평신도들도 성경을 읽는 데 편안한 마음으로 읽을 수 있었으면 얼마나 좋을 것인가? 포웰의 이 책이 그러한 시도를 촉진시키는 역할을 할 수 있으리라 믿는다.

역자 서문을 마무리하는 순간에 떠오르는 얼굴들이 많다. 가족들과 지금까지 여러 가지로 나를 도와 주신 많은 분들에게 감사를 드린다. 무엇보다도 성심을 다해서 가르쳐 주시고, 인격적으로 지도해 주신 장로회신학대학교의 교수님들, 특히 구약학 교수님들의 은혜를 잊을 수 없다. 이 책을 번역하고 책으로 펴내기 전에 장로회대전신학교 학생들과 함께 번역원고를 읽었다. 나와 함께 성경을 읽고, 연구하고, 고민해 온 그 학생들에게도 감사함을 표한다.

편집자 서문

　서사비평(敍事批評)을 다루고 있는 본서는 하나 또는 몇몇의 특정한 본문들보다는 상당히 폭넓고 공식적인 논제들에 초점을 맞추어 온 연속적인 기획물의 하나이다. 이것은 논의 중인 주제들을 규명하기 위해서 실제적인 해석을 전혀 하지 않았다는 것을 의미하지는 않으며, 그래서 본서에서도 역시 특정한 본문들을 해석함에 있어서 때로는 상당히 장황할 정도로 길게, 그리고 매우 명확하게 비평적인 원칙들을 적용하고 있다. 이 연속기획물에서 본서와 가장 밀접한 관계를 갖고 있는 기존의 책들은 비어슬리(Beardsle)의 '신약성경의 문학비평'(*Literary Criticism of the New Testament*), 페터슨(Petersen)의 '신약성경 비평가들을 위한 문학비평'(*Literary Criticism for New Testament Critics*), 그리고 패트(Patte)의 '신약성경 비평가들을 위한 구조적 주석'(*Structural Exegesis for New Testament Critics*) 등이다.
　포웰 교수는 문학비평과 역사비평의 부류들(자료비평, 양식비평, 편집비평)을 구분하고, 문학비평을 몇 가지 유형들(구조주의, 수사학,

독자-반응비평, 서사비평)로 분류한다. 그런 다음, 그는 서사비평이 채택하는 범주들, 즉 내재된 저자와 독자, 해설자, 등장인물, 사건, 배경 등을 묘사하고, 분석하고, 예증하는 작업을 계속한다.

Dan O. Via
듀크신학교

저자 서문

최근 몇 년 동안 나는 교회와 강의실에서 이 책의 주제를 논의하는 많은 기회를 가질 수 있었다. 이제 나는 전개되어지는 내 견해에 귀를 기울여 주신 트리니티 루터교 신학교의 학생들과 오하이오 중부 지역 모든 곳에 있는 목회자와 평신도들에게 감사의 마음을 표하려고 한다.

이 기획물을 출판함에 있어서 나를 지원해 주시고 필요한 편집적인 도움을 주신 단 비아(Dan O. Via)에게 감사를 드린다. 덧붙여서, 데이비드 바우어(David Bauer), 바바라 져겐슨(Barbara Jurgensen), 잭 킹스베리(Jack Kingsbury), 그리고 데이비드 로드스(David Rhoads)는 귀한 시간을 내어서 내 원고를 전체적으로 또는 부분적으로 읽어 주었으며, 유익한 제안을 해주어서 미진한 부분을 보완할 수 있었다. 이 책이 완전히 출판될 때까지 수고해 준 티모시 스타비텍(Timothy Staveteig)과 포트리스 출판사의 여러분들에게도 감사드리고 싶다. 1989년에 갑자기 세상을 떠난 존 할러(John Hollar)는 그의 서거 전에 원고를 모두 읽고 귀중한 격려와

충고를 해주었다.

   트리니티 루터교 신학교의 컴퓨터 업무 담당자이며 교수 비서인 멜리사 커티스(Melissa Curtis)는 원고를 작성하는 작업을 대부분 해주었다. 나는 그녀의 능력뿐만 아니고, 그녀가 모든 작업 때마다 보여 준 고무적인 낙천적인 성품과 헌신에 감사를 드린다.

제 1 장

이야기로서의 성경

예수께서는 하늘나라를 위해 훈련받아 온 서기관을 자신의 창고에서 새 것과 옛 것을 찾아내 오는 집주인에 비유하신 적이 있다. 지난 몇 년 동안의 성경연구는 그런 많은 서기관들이 새 것과 옛 것, 그리고 새 것이면서 동시에 옛 것인 물건들이 들어 있는 많은 창고를 만들어 왔음을 여실히 보여 준다. 서사비평(敍事批評; narrative criticism)은 새로운 성경연구 방법이긴 하지만, 그것은 지금까지 다른 문학연구 방법들이 사용해 온 생각들에 토대를 두고 있다.[1]

1. 성경과 문학비평

어떤 측면에서 성경은 언제나 문학으로 연구되어 왔는데, 그것은 무엇보다도 성경이 문학, 즉 인간이 기록한 문서나 작품이기 때문이다. 그래서 성경비평 분야에서는 성경본문을 읽고 듣는 것 이외의 다른 연구방법을 알지 못한다. 하지만 이러한 사실에도 불구하고, 지금까지의 성경연구에 있어서 성경의 문학적인 성격들은 그다지 특징적인 주제가 되지 못했다. 오히려 성경은 의미있는 역사기록, 계시된 진리의 총람이나 일상생활을 위한 지침서로 읽혀져 왔다. 그 많은 책들이 처음에 정경으로 인정된 데에는 여러 가지 요인들이 작용했음이 틀림없는데, 거기에 미학적인 평가가 고려되었다는 증거는 없다. 사실 성 어거스틴은 성경을 그리스와 로마의 이방작품들에 비교했을 때, 성경의 작품들이 문학적인 측면에서 열등하다는 사실로 인해서 슬퍼했으며, 그는 이러한 문학적인 열등함을 하나님의 겸손하심의 표지로서만 받아들일 수 있었다(고백록 3.5).

성경학자들이 문학비평을 발견해 낸 것은 그들이 지금까지와는 다른 방식으로 성경을 읽어야 한다고 생각한 것에서 시작된 것으로 이것은 참으로 획기적인 일이다. 성경연구와 문학연구가 이렇게 갑자기 결합하게 된 이유는 최근 이 두 분야에서 보여 준 학문적인 진보에 비추어서 이해되어야만 한다.[2]

지난 1세기 이상 지속되어 온 성경연구의 주도적인 방식은 역사비평 방법이었다.[3] 사실 여러 연구방법들의 결정체인 이 방법은 성경자료에 대한 객관적이고 과학적인 분석을 통해서, 성경이 기록된 시대의 삶과 사상을 재구성해 내고자 한다. 예를 들어, 자료비평(source criticism)은 복음서 기자들이 각 복음서를 기록할 때 사용한 자료들을 추적해 내려고 한다. 양식비평(form criticism)은 개별적인 전승단위들이 복음서에 포함되기 이전에 갖고 있던 삶의 정황을 밝혀 내는 데 힘을 기울인다. 편집비평(redaction criticism)은 복음서 기자들이 자료를 수집하고 개별 전승단위들을 배열한 방식을 관찰함으로써, 복음서 기자들의 신학과 편집의도를 찾아내고자 한다. 이러한 연구방법들은 복음서 전수의 과정에서 중요한 시기들인 역사적 예수의 시대, 초대교회의 구전전승시대, 또 복음서 기자들에 의해서 복음서가 최종 형성되던 시대의 모습을 밝혀 내려는 공통된 열망을 갖고 있다.

하지만 이 모든 방법들은 한스 프라이(Hans Frei)가 1974년에 밝힌 대로, 복음서의 서사적인 성격을 신중하게 다루지 못했다는 결정적인 한계를 갖고 있다.[4] 복음서는 예수이야기이지, 예수에 관한 잡다한 자료집이 아니다. 복음서는 처음부터 마지막까지 연속적으로 읽히도록 의도되었지, 각 구절들의 상대적인 가치를 밝혀 내기 위해서, 분해하고 검증하도록 된 책이 아니다. 역사비평 방법은 이 책들을 이루고 있는 각각의 문서들에 관심을 기울이면서, 이야기 자체가 아닌 이야기의 배후에 있는 역사적인 정황을 해석해 내고자 했다.

복음서를 연구함에 있어서 보다 문학적인 방법이 필요하다는 인식은 1969년 윌리엄 비어슬리(William A. Beardslee)에 의해서 표명되기 시작했다.[5] 대다수의 성경학자들이 사용해 온 엄격한 역사비평 방법을 거부하면서, 비어슬리는 성경양식(form)들의 분석을 통해서 그 본문을 만들어 낸 공동체의 성격뿐만 아니고, 그 본문 자체의 문학적인 의미와 효과에 대한 깊은 이해를 갖게 될 것임을 주장했다. 그래서 양식비평은 특정한 문학양식들이 어떻게 작용하는지, 다시 말해서 그 양식들이 독자들에게 어떤 일정한 반응을 불러일으키려는 의도를 갖고, 독자들로 하여금 본문을 읽도록 하는지를 주의깊게 살피는 작업을 포함하게 되었다. 이러한 방식으로 처음 시험된 신약성경의 문학양식은 비유였다. 비유에 대한 문학적인 연구에서 로버트 펑크(Robert W. Funk)와 단 비아(Dan O. Via), 그리고 존 크로산(John D. Crossan)이 중요한 업적을 남겼다.[6]

비어슬리는 또 복음서 연구에 있어서 복음서 전체를 연구단위로 하는 데 많은 관심을 기울여야 할 필요가 있다는 주장을 했다. 편집비평은 이러한 요구를 부분적으로 충족시켜 주었다. 편집비평이 발전되면서 사람들은 다양한 전승들을 수집해서 그것들을 전체적으로 통일성을 갖는 한 작품으로 형성시키는 데 기여한 복음서 기자들의 역할에 주의를 기울이게 되었다. 양식비평은 복음서 기자들을 단순한 자료수집가로 간주했지만, 편집비평은 복음서 기자들을 텍스트의 최종 작업에 개인적으로 책임을 진 편집자로 생각했다. 이러한 연구방법이 발전되어 가면서 복음서 기자들의 역할에 대한 연구가 꾸준히 늘어갔으며, 그들은 편집자일 뿐만 아니라 저자로 생각되기에 이르렀다. 마침내 노만 페린(Norman Perrin)은 이렇게 쓰게 되었다 : "이것은 우리의 연구에 전혀 새로운 차원, 즉 일반적인 문학비평의 차원을 도입해야 한다는 것을 의미한다. 만약 복음서 기자들이 저자들이라면, 그들은 다른 저자들과 마찬가지로 연구되어야 할 것이다."[7]

그래서 복음서를 보다 문학적으로 연구하려는 열망이 다름아닌 역사비평가들에 의해서 처음으로 표명되었는데, 그들은 배타적인 역사비평 방법이 한계를 갖고 있음을 알게 되었던 것이다. 역사비평이 실패했다거나 그 목표가 부적절하다고는 생각하지 않았지만, 역사비평 외에 무엇인가가 있어야겠다는 생각이 팽배했다. 당시 성경은 다른 고대문학 작품과 동일한 방식으로 연구되지는 않았다. 예를 들면, 호머의 작품은 대다수의 대학에서 최소한 두 개의 과에서 연구되어진다. 전통적인 역사가들은 고대세계에 대한 정보들, 즉 사람들이 어떻게 옷을 입었고, 식사는 어떻게 했으며, 결혼은 어떤 식으로 하고, 또 전쟁은 어떻게 했는지를 알고 싶어한다. 하지만 문학연구자들은 이들과는 전혀 다르게 플롯(plot)은 어떻게 되어 있는가, 등장인물들은 어떻게 행동하고 있는가, 그 이야기가 독자들에게 어떤 영향을 미치는가, 왜 그러한 영향을 미치게 되는가를 알고 싶어한다. 역사비평이 주도적인 영향을 미치고 있는 동안에 성경학자들은 성경연구가 아주 지엽적인 관심사에 국한되어 있음을 알게 되었다. 사실 신약성경 연구는 교회사의 한 부분일 뿐이었다. 복음서는 예수와 초대교회의 정보를 얻기 위한 자료로 간주되었고, 연구할 만한 중요한 이야기들을 담고 있는 서사이야기 (narrative)로는 여겨지지 않았다. 1978년에 노만 페터슨(Norman R. Petersen)은 "성경본문들이 어떤 것에 대한 증빙자료로써 다루어지기 전에 먼저 성경본문 자체의 측면에서 이해되어서는 안 되는가?"라는 질문을 제기했다.[8]

복음서를 문학적으로 연구해야 한다는 필요성이 인식되고 난 다음에도 그것을 어떻게 구체화시켜 나갈 것인지가 분명치 않았다. 복음서와 호머의 작품 사이에는 심각한 차이가 있다. 복음서를 일반 문학작품들처럼 다룰 때 제기되는 문제는 복음서가 그 책들과 본질상 같지 않다는 것이다.[9] 몇 가지 점에서 복음서는 현대의 전기문학보다는 소설과 유사하지만, 성경기자들이 복음서를 기록할 때 그것이 픽션으로 간주되는 것을 결코 원치 않았음이 분명하다. 많은 학자들은 복음서를 인간의 주관적이고 상상적인 문학작품으로는 보지 않는다. 르네 웰렉(Rene Wellek)과 오스틴 워렌(Austin Warren)은 자신들의 고전적인 문학비평서에서 그러한 상상적인 문학작품에만 엄격한 문학분석이 적용되어질 수 있다고 말한다.[10]

하지만 복음서에 대한 이러한 인식은 1946년에 에릭 아우에르바하(Erich Auerbach)의 주저인 '미메시스 : 서구문학에 나타난 실재의 표현'(*Mimesis : The Representation of Reality in Western Literature*)에 의해서 도전을 받았다.[11] 아우에르바하가 내린 결론 가운데 하나는 성경의 서사이야기도 일반적인 문학비평의 원칙들에 의해서 연구될 수 있다는 것이었다. 서사담론을 표현의 매개물로 사용함에 있어서, 성경기자들은 실재를 서사적으로 묘사하는 데 적절한 표현양식을 필연적으로 택하게 되었다. 이것은 성경본문들이

(호머의 작품을 포함해서) 다른 문학작품들과 동일하게 공유하는 특징이다. 아우에르바하는 현실세계를 서사양식으로 표현하는 것이 미학적인 목적과 역사적인 목적 사이의 전통적인 구분을 초월하는 문학의 기본적인 요인이라고 주장한다. 사실적이든 상상적이든 서사체로 표현하는 것들에 대해서 저자가 말하려고 하는 것이 무엇인지는 사용된 표현양식을 관찰함으로써 밝혀 낼 수 있다.

1940년대에는 성경학자들에게 뜻밖으로 보여지는 여러 가지 입장들이 전개되었다. 1940년 이전에 일반문학 비평가들은 한 작품의 역사적인 저자가 누구이며, 그의 주변세계와 저술의도는 무엇인가를 밝히려는 데 많은 힘을 기울였다. 예를 들어, 윌리엄 셰익스피어의 연극이나 찰스 디킨스의 소설들을 이해하는 데 있어서 그 작품들이 기록되어진 연대를 아는 것이 중요한 일로 생각되었다. 이들 대가들에 의해서 쓰여진 작품을 해석하는 것은 의례히 그 작품의 주변적인 것들, 즉 저자의 경력과 관련되어진 그의 삶과 성품, 그리고 그 시대 영국의 사회상황 등을 밝혀 내는 것이라고 생각되었다. 하지만 1940년대에 이르러서 이러한 해석방식은 신비평(New Criticism)이라고 불려지게 된 방법에 의해서 대폭 교체되었다.[12]

신비평은 작품의 배경에 대한 정보들이 본문을 해석해 내는 중요한 열쇠가 된다는 생각을 거부했다. 예를 들어, 존 키이츠(John Keats)가 사랑과 죽음의 주제가 담긴 '빛나는 별'(Bright Star)이라는 소네트를 쓸 때, 죽어 가는 동생을 간호하고 있었다는 사실을 알아야 할 필요는 없다.[13] 이러한 지식이 실제로 그 소네트 연구에 반영될 때, 그것은 오히려 혼란만 불러일으키고, 그 시를 있는 그대로 읽지 못하게 만드는 결과를 가져온다. 신비평가들은 한 작품의 의미와 가치는 '그 자체로서 이미 완결되고 저자로부터 독립해 있는 공공적인 작품' 속에 내재해 있기 때문에 문학비평가가 저자의 의도를 파악하려고 하는 것은 적절하지 못하다고 주장한다.[14] 오늘날 대다수의 문학비평가들은 신비평의 초기 단계의 관심사를 지나치고 있으며, 많은 사람들은 그 입장을 극단적인 것으로 간주하고 있다. 그럼에도 불구하고 한 문학작품의 의미가 저자의 역사적인 의도를 초월한다는 것은 문학적인 진영에서는 이미 자명한 것으로 간주되고 있다.[15]

오늘날 문학비평가들은 내재된 저자(implied author)에 대해서 말하는데, 이것은 독자가 서사이야기에서 재구성해 낸 인물이다.[16] 한 사람이 어떤 이야기를 읽을 때 그 사람은 그 이야기의 저자에 대한 인상을 반드시 갖게 된다. 그 이야기 자체가 저자의 가치관과 세계관을 보여 주기 때문이다. 예를 들어, 존 번연의 「천로역정」이나 단테의 「연옥」을 읽는 사람은 그 저자들이 기독교인이라고 결론내릴 것임에 틀림없다. 이와 같은 인상들을 통해서 문학비평가들이 말하는 소위 서사이야기에 내재된 저자의 모습이 규명된다. 하지만 이러한 규명의 목표는 실제저자가 어떠했을 것인가를 단편적으로 이해하려는 데 있지 않고, 서사이야기가 어떤 입장에서 해석되어야 할지를 밝혀 내려는 데 있다. 내재된 저자의 관점은 그 서사이야기의 외부적인 것들을 고려하지 않고서도 밝혀 낼 수 있다. 그래서 문학비평가들은 서사이야기가 그 자체적으로 해석되어야 한다는 기본적인 원칙을 파괴하지 않고, 내재된 저자의 의도에 대해서 말할 수 있는 것이다. 한 작품의 실존했던 역사적인 저자가 아닌, 그 작품의 내재된 저자에게 해석의 초점이 맞춰질 때 그 서사이야기는 스스로 말하도록 허용되는 것이다. 해석의 열쇠는 작품의 배경에 대한 정보에 있지 않고 작품 그 자체에 있는 것이다.

내재된 저자에 대한 이러한 개념이 전개됨으로써, 문학연구를 위한 중요한 결론들이 많이 산출되었다. 예를 들어, 한 저자가 그의 실제적인 관점과 상이한 가치들을 지지하는 작품을 출판했을 때,

대다수의 학자들은 내재된 저자의 관점이 그 이야기가 의미하는 바를 결정한다는 사실에 동의한다. 비평가는 역사적인 사실확인에 의해서 그 이야기를 쓴 사람이 실제로는 그렇게 생각하지 않았다는 것을 알게 되겠지만, 그렇지 않다고 해도 그 이야기는 원 저자와는 관계없이 스스로 자체의 의미를 전달해 준다. 동일한 저자가 기록한 여러 책들을 연구할 때는 내재된 저자와 원 저자를 구별하는 것이 좋을 것이다. 「보물섬」(*Treasure Island*)과 「지킬 박사와 하이드 씨」(*Dr. Jeckyl and Mr. Hyde*)의 실제저자는 로버트 루이스 스티븐슨(Robert Louis Stevenson)이지만, 이 두 소설의 내재된 저자는 결코 동일하지 않다.

실제저자와 내재된 저자 사이의 이러한 구별은 신약성경의 복음서 연구에는 별로 의미가 없는데, 그것은 복음서 기자들 가운데 두 권의 복음서를 쓴 사람이 없기 때문이며,[17] 복음서의 실제저자들의 생각과 그들의 책에 표현된 생각들이 일치한다는 사실을 의심할 만한 이유가 전혀 없기 때문이다. 무엇보다도 중요한 것은 내재된 저자를 밝혀 냄으로써, 서사이야기의 문학적인 의미와 효과를 이해하는 데 필요한 것들을 모두 알 수 있다는 사실이다. 그래서 저자를 알 수 없는 작품들을 이해하는 것이 가능하게 되었다. 모든 서사이야기들은 실제저자가 알려지지 않았다고 해도 내재된 저자를 갖고 있다. 실제저자가 없는 이야기들—세대에서 세대로 전해져 내려옴으로써 오랫동안 발전되어 온 이야기들—도 서사비평의 원칙들에 입각해서 연구할 수 있게 되었다.[18] 이것은 서사이야기가 형성되어 온 과정을 고려하지 않고도 어떤 서사이야기든지 서사이야기 자체만으로도 확인가능하고, 설명이 가능한 내재된 저자를 갖고 있기 때문이다.

일반문학 비평가들은 신약성경의 복음서를 문학작품으로 연구하는 데 깊은 관심을 보이지 않았다.[19] 그러나 1970년대에 이르러 그들은 복음서를 문학작품으로 연구하지 못할 아무런 이유가 없다는 합의에 도달하게 된 것으로 보인다. 그래서 복음서를 문학적으로 연구해야 한다는 필요성을 성경학자들이 절실히 인식하게 되고, 그러한 방법론이 가능하다는 것을 일반문학 비평가들이 인정함에 따라, 이 두 입장이 결국 하나로 모아지게 되었다. 이러한 통합은 무엇보다도 학교수업을 통해서 시도되었다. 1977년 카티지대학(Carthage College)의 데이비드 로드스(David Rhoads)라는 젊은 성경학 교수가 영문과 교수를 초청해서 학생들에게 복음서를 단편소설 읽는 방식으로 읽을 수 있다는 것을 보여 주었다. 돈 미치(Don Michie)의 강의는 학생들 뿐만 아니라 로드스의 시야도 열어 주었다. 그 강의의 결과로 1982년에 '이야기로서의 마가복음'(*Mark As Story*)을 출판하게 되었는데,[20] 이 두 학자들이 협력해서 내놓은 이 책은 그 이전에 출판된 어떤 책보다 복음서를 문학작품으로 읽을 수 있는 가능성을 확실하게 보여 주었다.[21] 그 다음해에는 잭 킹스베리(Jack D. Kingsbury)가 '마가복음의 기독론'(*The Christology of Mark's Gospel*)을,[22] 그리고 알란 컬페퍼(Allan Culpepper)가 '요한복음 해부'(*Anatomy of the Fourth Gospel*)라는 책을 펴냈는데,[23] 이 두 책은 로드스가 '서사비평'(narrative criticism)이라고 부르기로 한 연구방법을 의도적으로 따르고 있다.[24] 몇 년 후에 킹스베리는 마태복음의 주요 서사이야기를 연구해서 책으로 펴냈으며, 로버트 탄네힐(Robert C. Tannehill)은 누가복음-사도행전의 서사이야기 분석을 했다.[25] 이 방법을 오늘날에 많은 학자들이 사용하여, 그들이 성경연구에 중요한 기여를 한 것이 사실이지만, 이 네 사람-로드스, 킹스베리, 컬페퍼, 탄네힐-은 서사비평의 선구자들로 인정받을 만하다. 그들은 서사체로 되어 있는 신약성경의 다섯 책들을 종합적으로 다룬 최초의 사람들이기 때문이다.[26]

2. 문학비평과 역사비평

　최근에 나타난 문학적인 성경연구 방법과 전통적인 역사비평 방법 사이의 관계는 매우 모호하다. 한편으로는, 문학적인 연구방법론은 양식비평과 편집비평에 그 논리적인 기원을 두고 발전해 왔기 때문에, 그 연속선상에 있는 것으로 간주된다. 다른 한편으로는, 이 새로운 문학적인 방법은 본문해석에 있어서 역사적인 연구의 중요성을 거부하는 일반문학 비평운동을 따르고, 거기서 제시하는 개념들을 구체화하고 있다.
　이 자리에서 문학비평[27]과 역사비평의 주된 차이점을 밝히는 것이 좋을 것으로 생각된다.

　1. 문학비평은 텍스트의 완결된 형태에 초점을 맞춘다. 문학비평적인 분석의 목적은 본문이 형성되어 온 과정을 추적해 내는 것이 아니고, 현존하는 본문을 있는 그대로 연구하는 것이다. 역사비평 방법에서는 본문의 구성사가 중요하다. 구체적으로 말하자면, 자료비평은 우리가 현재 갖고 있는 복음서의 형성 이전부터 있었고, 복음서 형성의 자료가 된 문서들을 밝혀 내고 평가하는 데 힘을 기울인다. 양식비평은 전승양식이 복음서의 틀 속으로 들어오기 이전에 어떤 과정을 거쳤는지에 관심을 둔다. 편집비평은 본문형성의 최종 단계에서 복음서 기자들이 어떤 역할을 했는지를 밝혀 내는 데 관심을 기울인다. 문학비평은 이러한 본문의 발전과정에 대한 관찰을 거부하지는 않지만, 그것들을 무시한다. 즉, 궁극적으로 문학적인 해석은 본문의 어떤 부분이 본문형성 이전에는 어떤 형태로 존재하고 있었는지에 대해서는 관심이 없다. 문학비평의 목표는 현재의 본문을 그 완결된 형태로 해석하는 것이다.[28]

2. 문학비평은 본문의 전체적인 통일성을 강조한다. 문학분석은 본문을 분해하지 않고, 그것을 묶어 주는 이음매를 찾아낸다. 그래서 복음서는 통일성있는 서사이야기로 간주되며, 각 구절들은 그 이야기 전체를 구성하는 측면에서 해석된다. 역사비평에서 복음서는 느슨하게 연결된 단편들의 조합으로 여겨지며, 대개 각각의 개별 전승단위들이 분석의 대상이 된다. 자료비평과 양식비평에서는 복음서 전체 문맥과는 동떨어진 특정 구절이나 이야기를 해석하는데 관심을 기울인다. 편집비평에서조차 때로는 어떤 구절이 같은 책에서 다른 구절들과 갖는 내적인 연관성을 밝히기보다는 다른 복음서들에 나타나는 평행구절들과 비교하는 데 더 많은 관심을 기울인다.[29]

3. 문학비평은 본문 자체를 **최종적인 것**으로 본다. 문학연구의 근본목표는 서사이야기를 연구하는 것이다. 전개되는 이야기와 그것이 이야기되는 방식은 온전히 학문적인 연구의 대상으로 적합하다. 역사비평은 본문 자체를 최종적인 것으로 보지 않고, 최종적인 사실을 도출해 내는 증빙자료로 생각한다. 역사비평에서 최종적인 것은 예수의 생애와 그의 가르침, 예수에 대한 전승을 보전해 온 초대 기독교인들의 관심사들, 또는 복음서 기자들과 그 공동체들의 관심사와 같이 본문이 입증해 주는 것들을 재구성한 것이다.

이러한 연구방법들 사이의 차이점은 창문과 거울의 비유로 적절히 설명되어 왔다.[30] 역사비평은 본문을 창문으로 간주하고, 비평가는 그것을 통해서 다른 시대와 장소에 대한 어떤 것을 알고자 한다. 그래서 본문은 독자와 독자가 추구하는 통찰 사이에 서 있으며, 통찰이 얻어질 수 있는 수단들을 제공한다. 이와는 반대로 문학비평은 본문을 거울로 간주한다. 비평가는 본문을 보려고 하며, 그것을 통해서 다른 무엇을 보려고는 하지 않는다. 그리고 독자가 본문 자체와 만남으로써 새로운 사실들을 발견하게 된다.

　종종 이야기되는 것처럼 문학비평은 본문의 시적인 기능(poetic function)을 다루고, 역사비평은 본문의 사실대조 기능(referential function)을 다룬다. 이것은 서사이야기가 사실을 어느 정도 반영하는지를 생각하지 않고도 문학비평가들이 그 이야기를 감상할 수 있음을 의미한다. 서사이야기 세계는 그 역사성에 비추어서 평가되기보다는 오히려 있는 그대로 수용되어지고 경험되어지는 것이다. 신약성경의 복음서를 보면, 하나님은 하늘에서 명확한 음성으로 말씀하시며, 환상적인 기적들이 다반사로 일어나며, 인간들은 천사와 마귀들과 같은 영적인 존재들과 자유롭게 교류한다. 이러한 측면들은 사실대조 기능의 관점, 다시 말해서 본문이 현실세계를 얼마나 정확하게 반영하고 있는가에 따라서 복음서 서사이야기를 평가하는 역사비평가들에게는 때로 문제시된다. 하지만 문학비평가는 이러한 요소들이 이야기를 만드는 데 어떻게 기여하며, 그 이야기가 독자들에게 어떤 영향을 미치는가를 밝히는 데 흥미가 있다.

　이것은 문학비평가들이 역사적인 탐구의 적합성을 문제삼는다는 것을 의미하지는 않는다. 또한 이것은 그들이 자신들이 읽는 것은 무엇이든지 완전히 역사적이라고 순진하게 받아들인다거나, 아니면 성경을 사실에 근거를 두지 않은 이야기들의 수집으로 본다는 것을 의미하지는 않는다. 오히려 이 비평가들은 본문의 문학적인 특징에 초점을 모으기 위해서 역사성의 문제를 연구의 영역에서 배제시키고 있는 것이다. 그들은 성경의 서사이야기들이 사실대조 기능을 하며, 성경본문을 그러한 측면에서 연구하는 것이 가치있다는 사실을 결코 부인하지 않는다.

　4. 문학비평은 말–행동 이론(speech-act theory)의 의사소통 모형(communication model)에 근거를 둔다. 문학비평의 철학적인

근거들은 의사소통 이론들에서 나왔다. 이 이론들 가운데 가장 간명하면서도 가장 심오한 것은 로만 야콥슨(Roman Jakobson)이 제시한 말-행동 모형이다.[31] 야콥슨은 모든 의사소통 행위는 발신자, 메시지, 수신자를 갖는다고 주장한다. 문학작품에서 발신자는 저자, 메시지는 본문, 그리고 수신자는 독자이다.

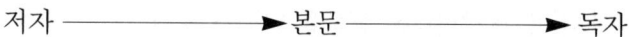

저자 ─────▶ 본문 ─────▶ 독자

이 구성요소들이 다른 요소들과 상호작용하는 정확한 방식은 문학비평의 학파들에 의해서 각각 다르게 이해된다(2장을 보라). 하지만 모든 문학이론들은 텍스트를 의사소통의 형태로 이해하는데, 메시지는 텍스트를 통해서 저자로부터 독자에게로 전달되어진다.

이와는 반대로 역사비평에서는 본문을 발전론적인 모델에 근거해서 연구한다.[32] 본문은 일련의 연속적인 단계들을 거쳐서 발전해 온 최종 형태로 간주된다. 그래서 이 단계들을 밝히고 설정된 본문의 기원 형태를 재구성함에 있어서, 이전 단계로 거슬러 올라가기 위한 분석적인 과정이 해석의 임무에 포함된다. 복음서의 경우에 신약학자들은 그 발전론적인 과정을 다음과 같이 도표화했다 :

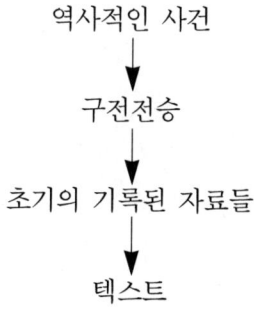

역사적인 사건
↓
구전전승
↓
초기의 기록된 자료들
↓
텍스트

앞에 제시한 의사소통 모형에서처럼 이 모형에서도 신약성경의 복음서 가운데 한 권을 텍스트로 설정해도 무방하다. 하지만 문학비평에서는 이 본문이 의사소통 행위에서 중간적인 구성요소로 간주되는 데 비해, 역사비평에서는 발전과정의 최종적인 산물로 여겨진다. 본문에 관심을 갖고 있다는 점 외에는 이 두 방법은 전혀 공통점이 없다. 문학비평은 본문의 수평적인 차원을 다루고 있는 것으로 이해되고, 역사비평은 본문을 나누는 수직적인 차원을 다루고 있다.

이렇듯 상이한 두 연구방법들은 서로 다른 철학적인 모형들에 기초하고 있어서 각자 다양한 유형의 연구결과를 산출해 낼 것으로 보인다. 문학비평은 본문의 의미를 기술함에 있어서 본문이 저자와 독자의 의사소통 측면에 더 많은 관심을 기울이고자 하며, 역사비평은 본문의 의미를 본문의 기원과 발전과정의 측면에서 기술하려고 한다. 그래서 이 연구결과들은 결코 상충되지 않으며, 이 두 모형들은 개별적으로 또 상호보완적인 방식으로 적절히 사용될 수 있는 가능성을 갖고 있는 것이다.[33]

제 2 장

독서방법들

　문학비평은 다수의 상이한 방법론들을 포괄하는 폭넓은 개념이다. 성경연구의 역사가 다양한 해석방법들의 발생을 보여 주듯이, 문학비평의 역사 또한 특정한 이론들을 선호하는 여러 운동들로 채워져 왔다. 문학비평가가 되려는 사람은 형식주의(Formalism), 사실주의(Realsim), 사상주의(Imagism), 심미주의(Aestheticism), 퇴폐주의(Decadence), 해체주의(Deconstrution) 등등의 학파에 대해서 배운다.[1] 여기서는 서사비평을 성경연구에 사용되고 있는 다른 문학연구 방법들과 비교하면서 그것들이 어떤 점에서 비슷하며, 또 어떤 점에서 서로 다른지를 살펴보고자 한다.

　아브람스(M. H. Abrams)가 고안해 낸 분류체계는 다양해서 혼란스럽기까지 한 문학이론들에 어느 정도 질서를 부여하려고 할 때, 도움이 된다.[2] 아브람스의 견해에 의하면 문학비평에는 네 가지의 기본적인 유형들이 있으며, 모든 학파들은 이 네 가지 유형 가운데 하나 또는 두 가지 정도를 표방하는 것으로 이해되어진다.

1. **표현적인 비평유형**(Expressive types of criticism)은 저자 중심적(author-centered)이며, 어떤 작품이 저자의 관점과 성격을 얼마나 진지하고 적절하게 표현하는가에 비추어서 그 작품을 평가하려고 한다.
2. **실용적인 비평유형**(Progamtic types of criticism)은 독자 중심적(Reader-centered)이며, 작품구성의 목적이 청중에게 특별한 효과를 유발하기 위한 것에 있는 것으로 본다. 그리고 이 목적을 성취하는 데 성공했는지의 여부에 따라서 작품이 평가되어진다.
3. **객관적인 비평유형**(Objective types of criticism)은 본문 중심적(text-centered)이며, 문학작품을 그 자체적으로 충족된 하나의 세계로 간주한다. 작품은 내부적인 비판의 기준들, 즉 그 구성 요소들의 상호관련성에 의해서 분석되어야 한다.
4. **모방적인 비평유형**(Mimetic types of criticism)은 문학작품을 외부세계나 인간 삶의 반영(reflection)으로 보며, 그 반영의 사실성이나 정확성에 근거해서 작품을 평가한다.

아브람스가 제시한 문학비평 유형 가운데 처음 세 가지 유형들은 1장에서 도표로 표시한 의사소통 모형의 세 요소, 즉 저자, 본문, 독자에 각각 상응된다. 그리고 네 번째 유형은 우리가 발전론적인 모형이라고 명명한 역사비평의 철학적인 근거와 관련된다. 나는 해석을 위한 의사소통 모형과 발전론적인 모형이 서로 배타적이지 않으며, 각각 해석의 수평적이고 수직적인 차원을 반영한다는 사실을 이미 밝힌 바 있다. 아브람스가 제시한 문학비평의 네 가지 유형들은 일반문학 연구에서 이러한 두 차원의 작업이 서로 결합되어 사용되고 있음을 명쾌하게 보여 준다.

아브람스의 비평모형은 우리로 하여금 우리가 사용하고 있는 용어들에 대해 다시 생각하게 한다. 나는 비평을 성경학자들이 '역사비평'이라고 부르는 것과 '문학비평'이라고 부르는 것으로 구분했다. 하지만 이러한 구분은 문학비평을 좁은 의미로 정의한 데서 비롯된 것이다. 일반문학 비평가들은 이러한 구분을 받아들이지 않는다(역사비평이든 문학비평이든 넓은 의미에서 문학비평에 속한다는 것이다-역자주). 아브람스는 이러한 구분이 문학비평의 각 유형 사이에서 되어지는 것으로 생각한다. 성경학자들이 보통 역사비평 방법이라고 부르는 것은 문학비평 가운데 사실 대조(모방)적이고 저자 중심적(표현적)인 모형이다. 최근에 성경연구를 주도해 온 신비평은 문학비평의 다른 유형들, 즉 본문 중심적(객관적)이고 독자 중심적(실용적)인 방법에 해당한다.

이러한 네 가지 방법들이 요즘 신약성경의 복음서 연구방법들, 즉 구조주의(Structuralism), 수사비평(Rhetorical criticism), 독자-반응 비평(reader-response criticism), 그리고 서사비평(narrative criticism) 등에 적용되고 있다.[3]

1. 구조주의

1950년대와 1960년대에 프랑스에서 주로 발전되어 온 구조주의[4]는 문학작품을 현대의 언어이론의 입장에서 분석하려는 객관적인 비평유형이다. 역사적으로 살펴보면, 구조주의 운동은 블라디미르 프롭(Vladimir Propp)의 저작에서 분명히 표명된 소위 러시아 형식주의(Russian Formalism)에 그 뿌리를 두고 있다. 러시아 민담들에 대한 고전적인 연구를 통해서[5], 프롭은 각각의 이야기에서 특정한 등장인물들과 그들의 행동들이 비록 다르게 묘사되고 있어도 등장인물들의 행동의 기능이 본질적으로 동일하다는 사실을 명백히 보여 주었다. 100여 가지의 이야기들을 연구한 후에 프롭은 일련의 연속성을 가지고 거의 불변하게 반복되는 31가지의 기능들을 밝혀 냈다. 몇 가지 기능들이 어떤 이야기에서 빠져 있을 때에도 다른 기능들과의 연계성은 결코 흐트러지지 않는다는 사실을 프롭은 밝혀 낸 것이다.

오늘날 구조주의자들은 심층구조를 연구하면서 프롭이 발견해 낸 것과 같은 단순히 일직선적인 구조배열을 검색하는 데에만 연구를 국한시키지 않는다. 그들은 구조의 이러한 순차적(syntagmatic : 연속적)인 조합뿐만 아니고, 병렬적(paradigmatic)인 차원, 즉 서사 이야기 전개의 연속적인 순서와는 상관없이 본문의 여러 부분들에서 나타나는 본문내에서의 관계성을 찾는다. 이것을 설명하기 위해서 악보의 분석이 때로 사용된다. 악보가 의미를 갖기 위해서는 왼쪽에서 오른쪽으로 읽혀져야 한다. 뿐만 아니라 악보는 위와 아래로 읽혀져야 하는데, 이것은 개별음표들이 때로는 독립된 화음단위를 이루기 때문이다. 본문 안에서 발견되어지는 가장 공통적인 관계성 가운데 하나는 내적인 구조를 만들어 주는 대조의 조합, 즉 도식적인 짝(schematic pairs ; 선과 악, 삶과 죽음, 부자와 빈자)들의 관계성이다. 앞에서 말한 대로 이러한 대조의 조합들은 본문의 여러 부분에서 발견되어진다. 그리고 이러한 대조들 가운데 어떤 것은 단순히 구문론적이고 어떤 것은 논리적이며, 또 어떤 것은 그 작품이 제시하는 신화적인 체계를 함축하고 있다. 구조주의자들은 본문을 내재하는 한 층의 구조 위에 다른 구조층이 덧씌워진 의미들의 총체로 생각한다. 일반적으로 말하면, 구조주의자들은 본문의 '심층구조'(deep structure)를 밝혀 내는 것을 연구의 목표로 삼는다. 이것은 심층구조가 저자의 의도적인 생각들을 초월하는 본문 자체의 신념체계를 잘 보여 주기 때문이다.

어떤 측면에서 구조주의는 방법론이라기보다는 오히려 하나의 철학이다. 법학, 사회학, 그리고 수학에 대한 구조주의자들의 연구방법도 이와 동일한 이론적인 성향에서 이루어진다. 문학비평의 한 학파로서 구조주의는 '문학의 문법'(grammar of literature)을 만들어 내려고 한다. 이러한 작업은 문학작품이 어떻게 작용하는가를 이해하는 데 목표를 둔다. 그들이 세운 가설은 확립된 법칙들이 문학작품의 기능을 결정한다는 것이다. 어떤 언어를 사용하는 대다수의 사람들이 그들의 언어를 지배하는 법칙들에 대해서 명확한 지식을 갖고 있지 않듯이, 대다수의 저자들은 문학작품의 법칙들을 의식적으로 따르려고 하지는 않는다. 그럼에도 불구하고 문학작품은 의사소통의 형식을 갖고 있기 때문에, 본문의 의미를 명확하게 전달하기 위해서는 어떤 관습들을 따를 수밖에 없다. 그래서 한 본문의 의미는 문학의 문법을 충분히 이해하지 못하는 저자의 의도나 독자의 인식보다는 오히려 본문의 심층구조 속에서 발견되어진다. 그래서 구조주의자들은 본문이 갖고 있는 의사소통의 전략을 분석해 냄으로써, 저자조차도 하지 못하는 방식으로 그 작품을 온전히 이해하는 유능한 독자가 되려고 한다.

성경학자들은 성경의 문학적인 성격과 신학적인 의미를 밝혀 내기 위해서 구조주의 방법을 사용해 왔다. 예를 들면, 다니엘 패트(Daniel Patte)는 마태복음을 구조주의적인 방법으로 주석함으로써 마태의 신앙, 즉 마태복음 자체가 증거하는 신념체계를 설명해 내고자 한다.[6] 이러한 신념들은 마태복음 속에서 식별될 수 있는 대조적인 것들, 예를 들면, 마태복음 9 : 16~17의 새 것과 옛 것 사이의 대조나 23 : 2~3의 말하는 것과 행함의 대조에서 가장 잘 드러난다. 이러한 대조들은 그 구절의 중심사상을 확인시켜 줄 뿐만 아니라, 작품 전체를 엮어 주는 신념체계에 대한 깊은 이해를 갖게 한다.

서사비평은 문학작품을 본문 중심적(객관적)인 방법으로 연구한다는 점에서 구조주의와 유사하다. 하지만 서사비평은 구조주의와는 상이한 개념들을 사용하며, 철학적인 깊이를 전혀 갖고 있지 않다. 서사비평가들은 굳이 문학의 법칙들을 연속적이고 정교한 구조적 원칙들로 간주하지 않는다. 일반적으로 말해서, 그들은 다른 의미의 층에서 밝혀질 수 있는 관계성(즉, 파라디그마틱한 면—역자주)보다는 서사이야기의 선적이고 연속적인 이야기 진행(즉, 신태그마틱한 면—역자주)에 더 많은 관심을 보인다. 그들은 작품을 형성하고 있는 심층구조를 밝혀 내기보다는, 그 이야기의 표면적인 의미를 밝혀 내는 데 더 많은 관심을 기울인다. 하지만 이러한 차이점은 절대적이 아니며, 원칙적으로 두 방법론은 서로 절충해서 사용할 수 있는 가능성을 갖고 있다.

2. 수사비평

문학의 영역에서 수사비평[7]은 한 작품이 그 독자들에게 어떤 특별한 영향을 미치는 문학적인 기법에 초점을 맞추는 실용적인 문학연구 방법으로 간주된다. 로마의 시인이며 풍자가인 호레이스는 저술의 목적이 교훈을 주는 것이거나 독자들을 기쁘게 하는 것, 또는 아마도 이 둘 다 일 것이라고 생각했다.[8] 키케로(cicero)는 세 번째 기능, 즉 감동하게 하거나 설득하는 것에 대해서 말했다.[9] 수사비평가들은 문학작품이 이 목적들을 어떻게 달성하며, 그것이 왜 그러한 특별한 효과를 일으키는가를 밝혀 내고자 했다.

아리스토텔레스는 고발하거나 변론하는 법정의 수사학, 충고를 하는 신중함의 수사학, 칭찬하거나 비난하는 웅변의 수사학 등[10] 세 가지 유형의 수사학을 정의하는 이론을 세웠다. 이러한 것들이 구체적으로 어떻게 발휘될 것인가 하는 것은 논증이나 증명의 유형들이 어떻게 사용되었는가, 즉 자료들이 배열되어지는 방식, 그리고 그것이 전달되는 방식을 살핌으로써 알 수 있다. 예를 들어, 수사비평가들은 한 작품이 전달하려고 하는 의도뿐만 아니고, 그 의도를 효과적으로 전달하는 기법에 대해서도 관심을 기울인다. 때로 외적인 증거나 기록이 인용되기도 하고, 작가의 신뢰할 만한 성품이 드러나기도 한다. 또 어떤 경우에는 독자들의 감성이나 논리적인 성격에 호소하기도 한다. 하지만 이러한 판단을 내리기 전에 이야기가 전달되어지는 수사적인 상황(rhetorical situation)을 확인하는 작업이 필수적이다. 수사비평에서는 그 작품이 염두에 두고 있는 청중의 주변상황에 대해서 가능한 한 많이 아는 것이 중요하다. 어떤 비평가는 "특정한 담론(discourse)은 그것을 발화케 하는 어떤 구체적인 조건이나 상황이 있을 때 나타나게 된다."고 주장했다.[11] 상황이 수사적인 반응을 결정하기 때문에 등장인물들, 사건들, 대상들, 그리고 그러한 반응을 불러일으킨 관계들을 살피는 일은 비평가에게 부여된 책임이다. 수사비평은 문학을 독자들의 반응으로 보는 이러한 견해에 의해서 독자 중심의 방법으로 간주된다. 본문은 그것이 염두에 두고 있는 독자들의 입장에서 이해되어진다.[12]

신약성경학에서 수사비평은 서신서나 복음서와 사도행전의 일부분, 즉 독립적인 문학단위로 구분되어지는 부분, 이를테면 연설들의 연구에 주로 사용되어 왔다.[13] 예를 들어, 한스 디터 베쯔(Hans Dieter Betz)는 갈라디아서를 당시 법정에서 변호를 위해 사용했던 법정의 수사학의 유형에 비추어서 연구하고 있다.[14] 고전주의자인 조지 케네디(George Kennedy)는 산상설교를 신중함의 수사학에 비교하며, 요한복음 13~17장에 있는 예수의 말씀을 웅변의 수사학에 비교하고 있다. 그는 또한 본문이 의도하는 효과를 얻기 위해 복음서에서 사용하는 기법들(기적의 증거, 증인들의 증언, 성경의 인용 등등)을 연구한다.[15]

서사비평은 한 작품이 그 독자들에게 미치는 효과를 밝혀 내고, 그것이 왜 이러한 효과를 가져오는지를 설명하는 데 관심을 두고 있다는 점에서 수사비평과 유사하다. 하지만 서사비평은 그것을 보다 본문 중심적인 방식으로 만드는 독자의 개념을 채택하고 있다. 기본적으로 서사비평은 본문 자체에 의해서 가정되어지고 본문 자체로부터 형성된 가상적인 '내재된 독자'(implied reader)의 관점에서 본문을 해석한다. 그래서 서사비평에서는 본문이 원래 염두에 두었던 실제독자들의 역사적인 상황을 알 필요가 없다.

여기에 덧붙여서, 서사비평은 고전적인 학자들에 의해서 연구된 것과는 다른 유형의 수사학, 즉 설득의 수사학이 아닌 서사적 수사학에 관한 분석작업을 포함한다. '소설의 수사학'(The Rhetoric of Fiction)에서 웨인 부스(Wayne Booth)는 소설연구에 적합한 수사비평 양식을 전개하고자 한다. 그는 아리스토텔레스의 수사학과는 다른 범주를 제시한다. 예를 들어, 논증의 유형을 검증하는 대신 부스와 그의 동료들은 등장인물의 유형을 살핀다. 그들은 플롯 전개를 분석하고, 이러한 수사학적인 기법들을 아이러니(irony)와 감정이입(emphathy)이라고 명명한다. 일반문학 진영에서는 이러한 서사연구 방법을 일종의 수사비평으로 간주한다. 하지만 성경연구에서는 부스의 방법을 서사비평에 속하는 것으로 보려고 한다.

3. 독자-반응비평

그 이름이 의미하듯이, 독자-반응비평[16]은 실용적인 문학연구 방법이며, 작품의 의미를 결정함에 있어서 독자의 역할을 강조한다. 더 적절히 말하자면, 독자-반응비평은 독자의 역할을 다양한 방식으로 정의하는 연구방법들의 집합체이다.

1966년에 나타난 한 중요한 문학비평서는 서사문학이 이야기(story)와 이야기하는 사람(storyteller)이라는 두 가지 요소로 특징지워진다고 보았다.[17] 그래서 야콥슨의 의사소통 모형의 세 번째 구성요소(저자-역자주)는 사라져 버렸다. 독자-반응 비평가들은 그 이전의 문학비평가들이 저자의 저술행위에 초점을 맞춘 것과 동일한 방식으로 독자의 독서행위에 초점을 맞춤으로써, 그동안 등한시되어 온 독자의 역할을 부각시키고자 했다. 무엇보다도 텍스트가 무엇을 의미하는지를 결정해야 하는 사람은 궁극적으로 텍스트의 독자들이다. 독자-반응 비평가들은 독자들이 문학작품을 어떻게 받아들이며, 그들이 어떤 근거에 의해서 특정한 작품의 의미를 창출하고 만들어 내는지를 발견해 내기 위해서 독서과정의 역동성을 연구한다.

독자-반응 비평가들은 독자의 반응을 일으키는 동인들을 각기 다르게 제시하며, 특별히 텍스트 자체가 그러한 반응들을 불러일으키는 것에 어느 정도 영향을 미치는지에 대해서 이견을 보인다. 아래에 제시하는 도표는 앞으로 논의하게 될 가장 중요한 몇 가지 이론들을 제시하고 체계화하기 위한 것이다.[18] 도표에서 볼 수 있는 것처럼 일반문학 비평가들은 대체로 구조주의와 서사비평을 독자-반응 운동의 변이형태로 볼 것이다. 하지만 성경연구에서는 독자-반응 비평이라는 용어는 도표의 처음 두 부류들만을 가리키는 데 사용되어진다. 이것들은 세 번째 부류에서 제시하는 연구방법보다 실용적(독자 중심적)이다.

독자-반응 이론들

I. 텍스트보다 독자를 강조하는 이론들
   1. (?) 해체이론*(데리다〔Derrida〕)
   2. 심리적 변형비평(transactive criticism) (홀랜드〔Holland〕)
   3. 해석공동체 이론(interpretive communities) (후기의 피쉬〔Fish〕)

II. 텍스트와 독자를 동일하게 강조하는 이론들

1. 감성문체론(affective stylistics) (초기의 피쉬)
   2. 현상학적 비평(phenomenological criticism) (이저[Iser])
Ⅲ. 독자보다 텍스트를 강조하는 이론들
   1. 구조주의*
   2. 서사비평*

* 이 이론들은 성경연구에서는 서사비평의 변종들이라기보다는 대체로 독자-반응 이론에 해당하는 독립된 방법론들로 간주된다.

몇몇 독자-반응 비평가들은 텍스트에 대한 독자의 우월성을 강조해 왔다. 작품의 의미가 상당히 주관적이기 때문에, 독자들은 한 작품을 해석함에 있어서 문학적인 역동성이나 저자의 의도에 굳이 얽매이지 않는다. 해체주의로 알려진 운동은 이러한 생각을 지지한다. 해체주의는 구조주의가 제시한 일종의 언어학에 기초한 본문분석이 과연 작품의 참된 의미를 밝혀 낼 수 있는지에 회의적인 학자들이 선호하는 이론이다. 그들은 쟈끄 데리다(Jacques Derrida)[19]의 영향을 받았는데, 궁극적으로 텍스트들이 성립가능한 의미들의 끝없는 심연으로 텍스트 자체를 해체시킨다는 사실을 발견했다. 그래서 해체주의는 독자들로 하여금 텍스트를 창조적으로 보게 하며, 독자들이 의미있는 효과를 무제한으로 그리고 다양하게 산출시킬 수 있는 능력을 갖고 있음을 깨닫게 만든다. 사실 해체주의는 궁극적으로 작품의 의미가 독자들의 경험에 의해서 결정될 수 있다는 것까지 부인하기 때문에, 전적으로 독자-반응 이론에 속한다고는 할 수 없다. 이런 점에서 결국 이 운동은 다른 유형의 이론들과는 상이하며 구별되어 다루어져야만 한다.[20]

독자-반응 비평가들 가운데 어떤 사람들은 독서의 과정을 심리

분석적인 개념들로 설명하려고 한다. 노만 홀랜드(Norman Holland)는 독자적인 문학체계를 고안했고, 그것을 심리적 변형비평이라고 명명했다. 이 이론은 해석이 주로 독자의 자기 방어와 기대, 그리고 희망성취의 환상들에 의해서 결정되어지는 것으로 이해하는 것이다.[21] 그래서 홀랜드는 의미파악에 있어서 인간성품의 측면을 강조한다. 독자는 자신의 동질성에 부합되게 내용을 변형시킴으로써 텍스트로부터 의미를 찾아낸다. 텍스트는 보편적이고 정확한 의미를 갖고 있지 않다는 것이 그의 생각이다.

몇몇 학자들은 텍스트의 의미결정에 있어서 독자의 역할에 이처럼 극단적인 관심을 가지는 것이 해석학적인 무질서를 야기시키지 않을까 염려한다. 로미오와 쥴리엣의 마지막 장면에서 두 연인이 스스로 목숨을 끊을 때, 어떤 사람은 그것을 비극적이라고 생각치 않고 재미있다고 생각할지도 모른다. 어떤 사람은 마가복음에서 예수가 십자가에 달리는 장면을 읽으면서, 예수가 그러한 처형을 당하는 것이 당연하다고 생각할지도 모른다. 과연 이러한 해석이 잘못된 독서의 결과라고 판정할 만한 기준은 없는가? 비평가가 이것은 이 이야기가 의미하는 바가 아니다라고 말할 수 있는 근거는 없는가? 스탠리 피쉬(Stanley Fish)는 해석공동체들에 대한 자신의 이론에서 한 가지 근거를 제시했다.[22] 어떤 주어진 텍스트를 혼자서 읽는 것은 상이한 해석을 낳지만, 동일한 독서기준을 갖고 있는 사람들은 그들이 공감할 수 있는 해석을 하게 된다. 그래서 해석공동체내에서는 공동체의 독서기준에 부합하는지 그렇지 않은지에 따라서 독서행위가 평가되어진다.

독자-반응 비평에는 또한 독자의 역할을 보다 제한된 것으로 보려는 연구방법들도 포함된다. 독자와 텍스트의 관계는 변증법적이어서 의미는 독자들이 텍스트로부터 창출해 내는 것이 아니고, 독자와 텍스트 상호관계의 역동적인 산물로 이해되어져야만 한다. 각

요소(텍스트와 독자)는 잠재적으로 서로에게 영향을 주고 서로를 변형시킨다. 피쉬는 자신의 초기 저작에서 이러한 상호작용의 과정을 기술한 감성문체론이라는 모형을 제시했다.[23] 그는 독자가 텍스트를 순차적으로 읽어나갈 때 어떤 일이 일어나는가를 추적해 내고자 했다. 독서과정의 한 시점을 기준으로 생각해 보면, 독자는 그때까지 읽은 것에 대한 결론을 내리게 될 것이고, 앞으로 어떤 일이 일어날 것인지에 대한 기대를 갖게 될 것이다. 독서를 계속하면서 이러한 기대들 가운데 어떤 것은 이루어지기도 하고 또 어떤 것은 이루어지지 않기도 할 것이다. 이루어지지 않은 기대들은 그릇된 기대들로서 독자로 하여금 앞에서 내린 결론을 수정하게 만든다. 이렇듯 텍스트와의 상호작용을 통해서 독자는 계속 자신의 반응들을 점검하고, 텍스트를 순서대로 읽어가면서 그릇된 반응들을 수정하도록 촉구된다.

이와 유사하게 텍스트와 독자의 상호관계를 설명하기 위해서 고안된 모형이 볼프강 이저(Wolfgang Iser)의 현상학적 비평이다.[24] 피쉬와 같이 이저는 독서경험을 기대, 위축, 반성, 그리고 재구성의 점진적인 과정으로 본다. 피쉬가 한줄 한줄 읽어가는 순차적인 독서에 초점을 맞추었다면, 이저는 작품을 전체적으로 파악해 내는 것에 더 많은 관심을 기울인다. 독자의 반응들은 작품의 일관성을 발견해 내려는 욕망에 의해서 제한된다. 그래서 그 작품은 독자들로 하여금 성립가능한 해석을 하도록 하는 자극을 줄 뿐만 아니라, 작품 전체에 적용될 수 없는 해석을 하지 못하게 하는 내적인 제약들을 동시에 갖고 있다. 하지만 이저는 이러한 제약들이 부분적인 것임을 강조한다. 텍스트는 독자들이 주관적으로 채워 넣어야 하는 수많은 간격들(gaps), 또는 비결정적인 요인들을 갖고 있기 때문에 독자의 창조적인 역할이 그만큼 중요하게 인식되어진다.

유사점이 많음에도 불구하고, 구조주의와 서사비평은 독자-반응

비평방법과는 다르다. 구조주의와 서사비평은 텍스트가 독자의 반응을 결정한다고 보는 반면, 독자-반응 비평은 독자가 의미를 결정한다는 점에 초점을 맞춘다. 그래서 그들은 독자를 텍스트 안에 있는 것으로 본다. 다시 말하면, 독자가 텍스트 안에 코드화되어 있거나(구조주의), 텍스트에 의해서 전제되어 있다(서사비평)고 보는 것이다. 구조주의는 텍스트가 제시하는 독자의 반응을 밝히기 위해서 텍스트에 내재해 있는 코드들을 해독해 내려고 한다. 서사비평은 텍스트의 코드들과 부호들을 이해하는 데 필요한 그 자체의 범주들에 근거해 있는 다른 모형들을 제공한다.

4. 서사비평

일반문학 연구에서는 서사비평 운동에 대해서 전혀 알지 못한다. 앞에서 언급한 세 가지 방법들과는 달리, 이 운동은 일반문학계에서는 그 정확한 대응물을 찾을 수 없으며, 성경 연구분야에서만 발전되어 왔다. 만약 일반비평가들이 서사비평을 분류한다면, 그것은 수사비평의 새로운 유형이거나 독자-반응 운동의 일종으로 여길 것이다. 하지만 성경학자들은 서사비평을 그 자체적으로 독립적이고 동등한 운동으로 생각하려고 한다.

문학비평에서 가장 중요한 논점들 가운데 하나는 "독자가 누구인가?"(Who is the reader?)하는 문제이다.[25] 수사비평은 어떤 작품이 처음에 전해진 원 독자들(때로 의도된 독자들[intended reader]로 불린다)에게 관심이 있다. 구조주의는 작품의 코드를 이해하는 유능한 독자(competent reader)의 반응을 밝히고자 한다. 피쉬와 이저는 연속적인 순서를 갖고 있는 텍스트를 처음 대면하는 독자(first-time reader)의 반응을 기록한다. 피쉬는 자신의 후기 저작에서, 우리가 독서공동체(reading communities)를 생각한다고 주장한다. 오늘날 문학비평이 다양한 관점을 제시하는 것은 각 학파가 독자에 대해서 갖고 있는 상이한 개념들에 근거한다. 그래서 문학비평가가 '독자'라는 말을 사용할 때, 먼저 "당신이 말하는 독자는 어떤 독자를 의미하느냐?"라고 물어야 할 필요가 있다.

서사비평은 일반적으로 서사이야기 그 자체에 의해서 설정된 내재된 독자(implied reader)에 대해서 말한다.[26] 내재된 독자는 내재된 저자가 실제 역사적인 저자와 다른 것처럼, 실제 역사적인 독자와는 구별된다. 실제독자들의 사실적인 반응들은 예측이 불가능하지만, 내재된 독자들이 어떤 반응을 보일지를 예측할 수 있는 단서들은 서사이야기 안에서 찾아볼 수 있다. 그래서 서사비평을 위한 의사소통 모형은 다음과 같이 그려진다 :

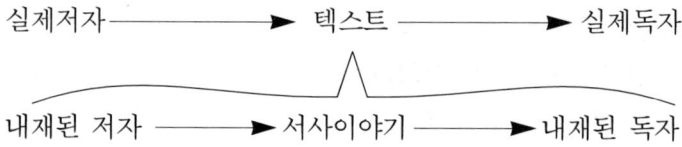

실제저자와 실제독자는 텍스트 자체의 매개변수 밖에 위치하는 것으로 표기된다. 세 개의 중간 요소들(내재된 저자─서사이야기─내재된 독자)은 지금까지 단순히 텍스트로 지칭되던 것이 차지하고 있던 위치를 대신한다. 그래서 우리는 이 도표에서 텍스트가 보다 큰 의사소통 모형에서 메시지의 기능을 할 뿐만 아니라, 세 가지 요소(발신자, 메시지, 수신자)를 모두 포함하고 있기 때문에 그 자체적으로 완전한 의사소통 모형으로 여겨질 수 있음을 본다. 서사비평은 텍스트를 완전한 의사소통 모형으로 이해하는 데 초점을 맞추는 경향이 있으며, 그래서 실제저자와 실제독자를 텍스트 자체내에서 이루어지는 의사소통 행위와는 직접적인 관련이 없는 외적인 것으로 간주한다. 내재된 독자, 즉 텍스트 안에 있는 독자라는 개념은 서사비평을 순수히 독자 중심적(실용적) 비평유형으로부터 벗어나게 하고, 보다 텍스트 중심적(객관적)인 방법을 택하도록 한다.

위의 도표에 나타난 의사소통 구조는 또 다른 중요한 의미들을 갖는다. 예를 들면, 그 구조는 독자가 무엇을 알고 있는지를 논의할 근거를 마련해 준다. 수사비평과는 달리, 서사비평은 작품을 텍스트의 실존한 원래의 청중들의 관점에서 해석하지 않는다. 그래서 텍스트를 바르게 이해하기 위해서 그들이 알고 있던 모든 것들을 알아야 할 필요는 없다. 하지만 내재된 독자는 텍스트에 기술되지 않은 것들을 알고 있다. 예를 들어, 오늘의 실제독자들은 모른다고 해도, 복음서의 내재된 독자는 한 달란트가 한 데나리온보다 가치가 있다는 사실(텍스트는 이것을 말한다)을 분명히 알고 있다. 다른 예를 들면, 입장이 바뀌어진다. 실제독자들은 어떤 이야기의 내재된 독자가 결여하고 있는 지식(예를 들면, 다른 복음서들에서 나타나는 지식)을 자신들이 갖고 있음을 알게 된다. 하지만 이러한 지식은 이야기의 의도된 효과를 반감시킬 수 있다.

서사비평의 목적은 텍스트를 내재된 독자로서 읽는 것이다. 킹스베리는 내재된 독자를 '그 안에서 텍스트가 의도하는 바가 항상 달성되는 것처럼 생각되어지는 상상의 인물'로 정의한다.[27] 이러한 방식으로 읽기 위해서는 텍스트가 독자들이 안다고 전제하는 것은 모두 알아야 하며, 독자가 모른다고 전제하는 것은 모두 '잊어야' 한다. 비평가는 독자가 질문할 것이라고 텍스트가 생각하는 질문을 해야 하며, 내재된 독자가 하지 않을 질문에 빠져 들어서는 안 된다.[28] 더우기 내재된 독자를 마치 텍스트를 처음 읽는 독자인 양 생각해서는 안 된다. 서사 텍스트는 독자가 여러 번 독서를 한 후에만 비로소 온전한 이해에 이르게 된다는 사실을 분명히 보여 준다.[29]

몇몇 독자-반응 비평가들은 서사비평이 채용한 내재된 독자의 개념을 거부한다. 그들은 이 개념이 해석학적인 사실들(hermeneutical realites)을 밝혀 내는 데 무관심하다고 주장한다. 실제독자는 텍스트 안에서 일어날 수 있는 모든 복합적인 상호관계들을 파악할 수 없다. 뿐만 아니라, 실재하지 않는 내재된 독자들에 대한 언급들은 언제나 실제독자들에 의해서 되어지기 때문에, 내재된 독자개념은 필연적으로 실제독자의 특정한 관심사나 상황을 반영할 수밖에 없다는 것이 그들의 주장이다.

이 해석학적인 순환에 관한 논의가 서사비평가들과 독자-반응학자들 사이의 계속되는 대화에서 지속적으로 중요한 위치를 차지하고 있음은 부인할 수 없을 것이다. 이제는 서사비평에서 말하는 내재된 독자가 가설적인 개념(a hypothetical concept)임을 강조하는 것이 중요하다. 그러한 인물이 실존했었다거나 앞으로 존재할 가능성이 있다고 생각할 필요는 없다. 내재된 독자가 추상화된 인물이라는 점 때문에, 텍스트를 내재된 독자로서 읽는 목적은 달성하기가 상당히 어려울 것이지만, 그럼에도 불구하고 그것은 여전히 추구할 만한 가치가 있는 목적으로 남을 것이다. 사실 그 개념(내재된 독자-역자주)은 해석을 위한 기준을 세우는 한 원칙이다. 기존의 독서이론에 대해 다음과 같은 질문이 제기된다: 텍스트내의 어떤 것이 독자가 이러한 방식으로 반응할 것으로 기대되어진다는 것을 보여 주는가? 이 질문에 관해 서사비평가들은 절대적으로 분명하거나 완벽하고 명확한 대답을 언제나 얻을 수 있을 것으로는 생각치 않는다. 그러나 이 질문을 가치있는 것으로 생각한다.

이러한 문제들은 초보자들에게는 사소하게 보이는 것인데, 궁극적으로는 그들의 생각이 옳다는 사실이 입증되었다. 최근에 서사비평과 독자-반응 비평은 점차로 결합되어져가고 있다. 이저(Iser)는 내재된 독자를 텍스트 자체에 속해 있는 내재된 저자의 구상물보다는 실제독자와 텍스트 사이의 상호작용의 결과로 형성된 구상물로 정의하고 있긴 하지만, 분명히 내재된 독자개념을 채택하고 있다. 부스는 내재된 독자가 두 가지 의미를 모두 포함하고 있는 것으로 생각하며, 저자의 침묵이 독자에게 미치는 효과—이저의 '간격'에 해당하는 개념—를 고려할 필요가 있음을 역설한다.[30] 여기서 논의된 모든 문학비평 유형들 가운데 서사비평과 독자—반응의(텍스트와의) 대화적인 방식들이 가장 유사하며, 이 둘은 궁극적으로는 분리되기 어려울 것으로 보인다.

제 3 장

이야기와 담론

　그 이름에서 알 수 있듯이, 서사비평은 서사이야기라고 하는 한 특정한 문학유형을 연구하는 것이다. 서사이야기(narrative)는 독자들에게 이야기(story)를 들려 주는 문학작품으로 정의할 수 있을 것이다. 이것은 상당히 폭넓은 정의이긴 하지만, 그렇다고 모든 것을 포괄하는 용어는 아니다. 예를 들어, 어떤 문학비평 학파들은 서사이야기보다는 수필이나 시를 연구하는 데에 심혈을 기울인다. 그리고 신약성경에서는 네 복음서들과 사도행전만이 서사이야기로 분류된다. 서신서는 서사이야기에 속하지 않는다.[1]
　서사이야기는 이야기(story)와 담론(discourse)이라는 두 가지 측면을 갖고 있다.[2] 이야기는 서사이야기의 내용, 즉 서사이야기가 말하려고 하는 것을 가리킨다. 하나의 이야기는 사건(events), 등장인물(characters), 배경(settings)이라는 요소들로 이루어져 있으며, 이 세 요소의 상호작용을 플롯(plot)이라고 한다. 담론은 서사의 수사학(the rhetoric of narrative), 즉 이야기가 전개되는 방식을 말한다. 기본적인 사건, 등장인물, 그리고 배경이 동일한 이야기라고 해도, 이것들을 어떤 방식으로 엮느냐에 따라 상이한 서사이야기들이 만들어질 수 있다. 네 복음서들이 그 대표적인 예이다.

서사비평은 채트맨(Chatman)이 '담론되어진 것으로서의 이야기'(story-as-discoursed ; 수사학적인 기법이 사용된 이야기-역자주)라고 부르는 것에 관심을 기울인다.[3] 여기서 중심되는 질문은 내재된 저자가 내재된 독자로 하여금 이야기를 이해하도록 하기 위해서 어떤 방법을 사용하느냐 하는 것이다. 서사비평가들은 이야기 전개 과정에 본래적으로 들어 있는 문학적인 기법들을 통해서 독자들이 작품을 이해하게 된다고 생각하는 경향이 있다.

1. 관 점

내재된 저자가 독자의 텍스트 이해를 돕는 한 가지 방법은 독자로 하여금 서사이야기의 관점(point of view)과 일치하는 관점을 갖도록 하는 것이다. 관점이라는 말은 서사비평에서 많이 사용되는 용어이며, 다른 문학비평에서도 자주 대하는 단어이다. 여기서 우리는 학자들이 평가관점(evaluative point of view)이라고 부르는 것에 관심을 기울이게 되는데, 이 관점이 작품 전체를 일정한 방향으로 이끌어간다. 평가관점은 내재된 저자가 이야기를 이끌어나가기 위해서 세운 규범, 가치, 그리고 전반적인 세계관을 가리킨다. 달리 말하면, 평가관점은 판단의 기준이라고 정의될 수 있는데 독자들은 이야기를 구성하는 사건, 등장인물, 그리고 배경 등을 이 관점에 의해서 평가하게 된다.

이 평가관점이 책을 읽는 동안에 독자의 판단을 유보시킨다고 해도 독자는 내재된 저자가 택한 평가의 관점을 일단 수용해야 한다.

제3장 이야기와 담론 55

그래서 우리는 카우보이들은 선하고 인디안은 악하다는 생각을 받아들여야만 할 때도 있다. 우리는 말하는 짐승이나 날아다니는 우주선을 믿어야 할런지도 모른다. 그리고 우리가 무신론자라고 해도 번연이나 단테의 작품을 읽는 동안에는 기독교인이 되어야만 한다. 물론 독자들은 설화를 효과있게 만드는 이러한 평가관점을 비평할 수 있는 자유를 갖고 있다. 하지만 관점을 비평하기에 앞서 우선 그 관점을 수용해야만 한다. 만약 작품의 관점을 수용하지 않는다면 무엇보다도 그 이야기를 이해할 수 없기 때문이다.

신약성경의 네 복음서들은 모두 초자연적인 존재들이 등장하고 초자연적인 사건들이 일어나는 세계를 묘사한다. 복음서들은 또한 뚜렷이 밝혀져 있지 않는 경우라고 해도, 어떤 윤리적인 입장을 분명히 갖고 있다. 이 입장은 진리와 거짓을 구분하는 기본적인 형태를 취한다. 그래서 이 관점에 의해서 사고방식들은 옳은 것과 그른 것으로 양분된다. 그리고 바른 사고방식은 하나님의 관점과 일치되어진다. 킹스베리가 말한 대로, 이 서사이야기들의 내재된 저자들은 하나님의 평가관점을 자신들의 작품의 규범으로 삼았다. 분명히 말하자면, 하나님이 생각하는 바가 참되고 바르다는 것이다.[4]

그러면 하나님의 평가관점은 어떻게 설정되어지는가? 각각의 서사이야기에서 하나님은 이야기 세계 속에 있는 인물로 간주되어야 하며, 하나님의 관점은 내재된 저자가 그것을 어떻게 묘사하느냐에 따라서 규정되어야 한다. 때로 하나님은 이야기에 등장해서 직접 말하고 행동한다. 또 어떤 때는 천사나 예언자와 같은 대리인들을 통해서 말하고, 꿈을 통해서, 그리고 어떻든 설명할 수 없는 사건들을 통해서 말씀하신다(마 27 : 51-53, 막 15 : 33-38). 복음서들은 또한 구약성경을 하나님의 말씀으로 믿고 인용한다. 그래서 독자는 하나님의 관점이 참되고 옳다는 사실뿐만 아니라, 하나님의 관점이 천사와 예언자들, 기적, 꿈, 그리고 성경을 통해서 믿을 수 있게 표현되어질 수 있음을 당연히 인정할 것으로 기대되어진다.

　복음서들은 또한 하나님의 관점과는 다른 사고방식도 수용해 들인다. 내재된 저자들은 두 번째 관점, 즉 사단의 평가관점을 그들의 서사이야기의 규범으로 삼을 수도 있다. 이러한 관점은 부정적인 의미를 갖고 있는 규범으로서 그릇되고 거짓된 것을 가리킨다.[5] 공관복음서에서 사단은 하나님처럼 서사이야기에 등장해서 직접 말하고 행동한다. 그리고 대리자들, 즉 귀신들을 통해서 간접적으로 역사하기도 한다. 사단은 또한 인간들을 통해서 역사한다(눅 22 : 3, 요 8 : 44). 마태복음과 마가복음에는 사람들처럼 생각하는 것이 사단의 관점을 표방하는 것이라고 분명히 규정하고 있다(마 16 : 23, 막 8 : 33). 그래서 복음서들에서는 하나님의 일을 생각하는 것과 사람들의 일을 생각하는 것이 가장 중요한 대조라고 생각해 왔다.[6]

　하나님의 평가관점이 분명히 드러나고 그것이 규범적인 것으로 받아들여져야만 하는 하나의 서사이야기 세계를 만들어 내는 것은 강력한 수사학적인 기법이다. 그것은 독자들이 그 이야기를 해석하는 데 중대한 방향을 설정해 준다. 내재된 독자는 하나님의 관점을 표방하는 등장인물들을 강조하려고 하며, 그렇지 않은 등장인물들과는 거리를 두려고 한다. 이렇듯 내재된 저자들은 이야기를 전개해 나가는 동안에 그들의 해석을 좌우하는 기준들을 마련해 놓는다.

2. 이야기 전개과정

　내재된 저자가 독자의 이해를 돕기 위해서 사용하는 또 한 가지 방법은 해설자(Narrator)를 등장시키는 것이다. 해설자는 내재된 저자가 이야기를 진행하기 위해서 등장시키는 화자이다. 웨인 부스는 한 유명한 문학작품이 다음과 같은 구절로 시작되는 것에 유의한다 : "우스 땅에 욥이라 이름하는 사람이 있었는데, 그 사람은 순전하고 정직하여 하나님을 경외하며 악에서 떠난 자더라." 이 첫 문장은 그 다음에 나오는 모든 문장들에 대한 독자의 반응을 결정지워 준다. 그 문장을 액면 그대로 믿을 수는 없다고 해도, 독자는 아무런 의심없이 그대로 받아들인다. 하지만 실제 세계에서는 그렇지 않다. 우리는 이것이 누구의 의견이며, 무슨 근거로 그러한 말을 하는지 알고 싶어한다. 하지만 이야기를 해나가는 과정 (narration)은 저자와 독자 사이에 암암리에 체결된 협약을 전제하는데, 독자는 해설자를 전적으로 신뢰하는 데 동의한다.[7]

해설자들은 중요한 점들에서는 서로 차이를 보인다. 어떤 작품들은 1인칭 해설자를 등장시킨다. 이것은 마크 트웨인의 '허클베리 핀'(Huckleberry Finn)에서 발견할 수 있다. 예외가 있긴 하지만 (눅 1:3, 요 1:14-16, 21:24), 복음서의 해설자들은 3인칭으로만 말하고 있으며, 이야기에는 직접 등장하지 않는다. 하지만 사도행전에서는 해설자가 이야기에 직접 등장하기도 한다('우리'가 사용되는 구절들 16:10-17, 20:5-15, 21:1-18, 27:1-28:16).

해설자들은 이야기하려는 것에 관해 그들이 소유하고 있는 지식의 정도와 자료를 선택하는 방식에서도 서로 다르다. 4복음서 해설자들은 많은 지식을 소유한 것처럼 여겨진다. 그들은 공공적인 사건들을 보고할 뿐만 아니라, 등장인물만이 관련되어 있는 개인적인 일도 보고한다(예를 들면, 막14:32-42). 그들은 장소는 다르지만 동시에 일어난 일들도 이야기할 수 있다(요 18:12-27). 그들은 심지어 자신들이 묘사하고 있는 등장인물들의 내적인 생각과 행위의 동기들까지도 알고 있다(마 2:3). 하지만 그들의 지식에는 한계가 있다. 공관복음서만 보더라도, 해설자들의 생각은 공간적으로 그리고 시간적으로 지상적인 영역에 국한되어 있다. 하늘과 지옥에 대한 묘사는 그 이야기에 등장하는 인물들에 의해서만 되어질 뿐, 해설자들은 거기에 대해 아무런 언급도 하지 않는다. 그리고 구약성경에는 '하나님이 어떤 사람을 기뻐하시고 또 어떤 사람을 싫어하신다.'라는 단순한 묘사가 나타나는데, 복음서에는 이런 식의 문장을 찾아볼 수 없다.[8] 오히려 하나님이 이야기에 직접 등장해서 '내가 누구를 기뻐한다.'고 말씀하신다(마 3:1, 17:5, 막 1:11, 눅 3:22). 해설자들은 예수의 내적인 생각들을 알고 있다. 그러나 예수와는 달리 해설자들은 하나님에 대해서 직접적으로 말하려고 하지 않는다. 요한복음에서는 이러한 제약들이 다소 감소되어진다. 해설자는 하나님의 영역을 묘사할 수 있으나, 때로(1:1-5), 그의 관점과 예수의 관점을 구별할 수 없는 경우도 있다.[9] 더우기 요한복음의 해설자는 그가 이야기하는 것보다 더 많은 사실을 알고 있다고 말하는데(20:30, 21:25), 그럼으로써 독자들이 해설자를 최대한 신뢰하도록 그들에게 확신을 심어 준다.

해설자들은 또 그들이 보여 주는 신뢰성의 정도에 따라서 다양하게 묘사된다. 현대의 문학작품들은 때로 신뢰할 수 없는 해설자를 등장시킴으로써, 독자로 하여금 그의 견해를 반박하고 무시하도록 만드는 기법을 사용한다. 켄 키지(Ken Kesey)의 '뻐꾸기 둥지 위로 날아간 사나이'(One Flew Over the Cuckoo's Nest)의 해설자는 때로 현실과 환상을 혼동하는 비정상적인 사람이다. 하지만 대다수의 서사비평가들은 복음서의 해설자는 신뢰할 만하며, 이들의 관점은 내재된 저자의 관점과 완벽히 일치한다고 생각한다. 저자는 이 해설자들이 말하는 모든 것을 독자들이 믿을 것으로 기대한다. 마태복음의 해설자는 "선지자 이사야로 말씀하신 자"(3:3)가 바로 세례요한이라고 말할 때, 내재된 독자는 이것이 정말 사실인지 아닌지를 문제삼지 않는다.[10]

어떤 해설자들은 다른 해설자들에 비해서 본문에 더 많은 참견을 한다. 손톤 와일더(Thornton Wilder)의 '우리 마을'(Our Town) 이라는 연극에서 해설자는 매우 명확한 방식으로 등장하는데, 그는 이야기가 진행되는 동안 계속해서 자기 나름대로 설명을 첨가하는 것을 볼 수 있다. 복음서의 해설자들은 일반적으로는 거의 두드러져 보이지 않는다. 하지만 때로 그들은 이야기의 영역을 벗어나기도 하고 독자에게 직접 말하기도 한다(막 3:14, 요 20:31).

서사비평가들에 의하면, 이러한 방법이 너무 기교적으로 사용되어서 해설자가 거의 눈에 띄지 않는다고 해도 해설자가 없는 경우는 없다. 이야기가 들려지는 수화자(narratee)에 대해서도 이렇게 말할 수 있을 것이다. 누가복음과 사도행전에서는 수화자가 데오빌로라고 분명히 밝혀져 있다(눅 1:3, 행 1:1). 그리고 내재된 독자는 이야기를 듣도록만 되어 있다. 다른 작품에서는 수화자가 누구인지 분명히 밝힐 수 없다. 그러나 독자는 누군가에게 들려지는 이야기를 어깨 너머로 듣고 있는 듯한 느낌을 갖는다.

그래서 서사비평의 의사소통 모형은 다음과 같이 그릴 수 있을 것이다 :

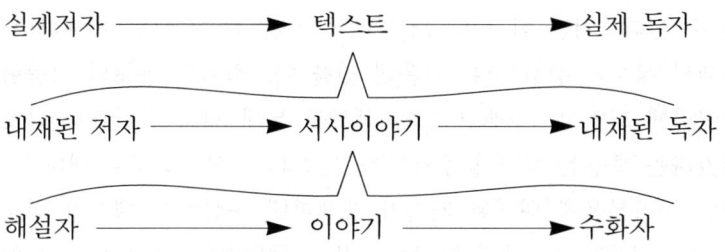

해설자는 내재된 저자, 그리고 수화자는 내재된 독자와 일치하는 것은 아니다. 그들은 내재된 저자가 만들어 낸 수사학적인 기법으로 설정된 인물들이다. 그들은 서사이야기 자체의 한 부분, 즉 담론을 이루는 한 부분이며 담론을 통해서 이야기가 들려지게 된다.[11]

이야기 진행 과정의 단계들은 때로 문학작품의 한 특정한 부분에서도 발견되어지는데, 그래서 위에 제시한 모형은 연장해서 그릴 수 있다는 점이 강조되어야 한다. 복음서에 나타나는 예수의 비유들은 사실 그것들이 이야기 속의 이야기라는 점에서 그 좋은 예이다. 선한 사마리아 사람의 비유(눅 10 : 25-37)를 설명하면서 예수 자신은 해설자가 되고, 그와 이야기하는 율법학자는 수화자가 된다. 하지만 관찰의 범위를 작품 전체로 넓혀서 보면, 예수와 율법학자는 무명의 해설자가 데오빌로에게 들려 주는 이야기에 등장하는 등장인물들이다.

3. 상징과 아이러니

때로 한 작품에 내재된 저자는 독자로 하여금 어떤 해석을 거부하고 다른 해석을 받아들이게 하거나, 아니면 최소한 다른 방식으로 해석할 수 있는지를 찾아보게 만든다. 상징과 아이러니는 이러한 내재된 저자의 의도를 이루는 데 유용한 수사학적인 기법이다.

각 단어와 구절을 문자적으로만 읽으면, 서사이야기를 잘못 이해할 수 있다. 최근 어느 의학잡지에 게재된 한 논문은, 겟세마네 동산에서 예수가 심한 고통 가운데 있을 때, 희귀한 유형의 뇌출혈이 일어나게 되었고, 그래서 그의 땀선을 통해 피가 몸밖으로 나오게 되었다는 주장을 하면서 누가복음 22 : 44을 설명하려고 했다.[12] 하지만 누가복음에 내재된 저자가 겟세마네 동산에서 예수가 뇌출혈을 일으킨 것으로 생각했다는 주장은 극단적인 오해이다. 오히려 예수의 땀이 핏방울처럼 떨어졌다는 해설자의 묘사는 일종의 비유이며, 일반적인 언어비유이기 때문에, 이 구절은 누가복음에서 예수를 어미닭에 비유하는 것만큼이나 비유적으로 읽혀져야 한다(눅 13 : 34).

제 3 장 이야기와 담론   61

　마치 이러한 잘못된 독서를 방지하기 위해서인양 복음서 서사이야기에는 본문을 문자적으로 읽는 사람들을 풍자하는 기사들이 많이 수록되어 있다. 마가복음에서 잘 알려진 한 이야기는 종교지도자들의 누룩을 주의하라는 예수의 경고를 제자들이 잘못 받아들여서, 종교지도자들로부터 빵이나 효소를 사지 말라는 것으로 생각한 것이다(막 8 : 14-21, 마 16 : 5-12). 요한복음에도 이러한 오해의 예가 많이 기록되어 있다. 니고데모는 '거듭나기' 위해서는 어머니의 뱃속으로 다시 들어가야 한다고 생각했다(3 : 4). 예수께서 "나사로가 깊이 잠들었다"고 제자들에게 말씀하시는데 제자들은 '나사로가 늘어지게 잠을 자고 있다'는 말로 알아들었다(11 : 12). 예수께서 제자들에게 "내게는 너희들이 알지 못하는 먹을 양식이 있느니라."고 말씀하시자, 제자들은 누가 자신들도 모르는 사이에 감쪽같이 먹을 것을 가져다 드렸는지 의아해 한다(4 : 33). 예수께서 "나의 가는 곳에는 너희가 오지 못하리라."고 말씀하시자, 사람들은 예수께서 자결하려는 것이 아닌가 생각한다(8 : 21-22). 그리고 예수께서 자신의 몸이 세상을 살리기 위한 떡이라고 말씀하셨을 때 사람들은 예수께서 일종의 식육풍습을 말씀하시는 것으로 생각했다(6 : 51-52). 컬페퍼는, 요한복음이 이렇듯 빈번한 오해를 보고하는 목적은 독자들에게 복음서를 바르게 읽는 방법을 가르치기 위한 것이라고 지적한 바 있다.[13] 이렇듯 본문에 나오는 등장인물들이 갖고 있던 잘못된 생각은 해설자가 보다 적절한 해석을 내려주거나, 아니면 예수 자신이 직접 설명을 함으로써 교정되기도 한다. 때로는 바른 해석이 제시되지 않는 경우도 있는데, 독자는 이런 경우 생명의 떡이나 생명의 물과 같은 구절들이 어떤 의미를 갖고 있는지를 밝혀 내기 위해서 고심해야 한다. 어떤 경우에 독자는 이러한 이야기가 눈에 보이는 것 이상의 의미들을 담고 있다는 사실을 알게 된다. 독자는 상징이 갖고 있는 다양한 의미들을 찾아내는 것에 능숙해져서, 앞에 제시한 것과 같은 오해들이 나타나지 않는 한 상징이 갖고 있는 가능한 의미들을 찾아내고자 한다. 이음새없이 통으로 짠 그리스도의 옷(19 : 23), 찢어지지 않은 물고기 그물 (21 : 6, 8, 11), 예수의 옆구리에서 흘러나오는 물과 피―이러한 것들이 문자적인 것 이상의 어떤 의미를 갖고 있는지를 밝혀 내고자 노력한다.

문학이론가들은 때로 이러한 문학적인 기법들을 비유(직유와 은유), 심상(images), 기호(signs), 상징(symbols), 모티브(motifs) 등으로 구분한다. 하지만 이러한 모든 문학적이고 관형화된 기법들은 내재된 저자와 내재된 독자 사이에 어떤 특정한 의사소통을 이루려는 의도를 공통적으로 갖고 있는데, 이러한 기법들을 통해서 내재된 독자는 서사이야기를 명확히 이해하도록 안내된다. 대부분의 경우에 이야기는 그 표면적인 것 이상의 의미를 갖고 있다. 그래서 독자는 바르게 또 최소한 더 풍성하게 작품을 이해하기 위해 애써야만 한다. 비둘기, 돼지, 뱀, 양과 같은 동물들이 상징의 기능을 할 수 있다. 숫자들도 상징적인 의미를 가질 수 있다. 때로 전체 행동이나 사건들이 상징적이기도 하다. 어떤 여인이 예수께 기름을 부은 것은 그의 장례를 준비하는 것을 의미한다(막 14 : 3-9). 산, 사막, 결혼, 잔치 등의 장면들은 상징적인 의미들로 가득 채워져 있다.

내재된 저자는 독자들을 위해, 컬페퍼가 '암시된 설명과 방향지시를 위한 기호들'이라고 부르는 것을 상징을 통해서 작품 속에 마련해 놓는다.[14] 설화비평가는 그 상징들이 무엇을 의미하는가를 문제삼는다. 요한복음 21 : 11의 153마리의 물고기의 의미에 대한 여러 이론들을 개관해 볼 때 분명히 알게 되겠지만, 해석자는 상징을 설명하는 일 자체에 빠져 버리기 쉽다. 서사비평의 목적은 내재된 저자가 전달하려는 의미를 밝혀 내는 것이다. 그 의미는 비밀스럽지 않으며, 내재된 독자가 능히 파악할 수 있는 것으로 기대되는 것이다.

필립 휠라이트(Philip Wheelwright)는 상징의 의미들을 포괄하는 네 가지 범주를 설정했다.[15]

1. 원형상징(archetypal symbols)은 그 의미를 상당히 보편적인 문맥에서 이끌어 내는데, 빛과 어둠의 기본적인 대조가 그 예이다.
2. 전래적인 생동력의 상징들(symbols of ancetral vitality)은 그 의미를 그 이전의 자료들에서 찾아낸다. 복음서에서는 구약성경에서 끌어온 개념들, 즉 시험장소, 이스라엘을 가리키는 12라는 숫자 등이 여기에 해당한다.
3. 내재된 저자에 의해서 만들어진 상징은 특정한 서사이야기 문맥에서만 이해되어질 수 있다. 예를 들어, 마가복음의 독자는 마른 무화과나무를 이스라엘의 폐지된 성전제의의 상징으로 보게 된다.
4. 문화적인 영역의 상징은 실제저자와 그가 속한 공동체의 사회적이고 역사적인 문맥에서 그 의미를 이끌어 낸다.

네 번째 유형의 상징은 서사비평가에게 특별한 문제를 제기한다. 이러한 상징의 의미를 받아들이는 것은 서사이야기 자체를 통해서는 불가능하다. 그것은 내재된 저자가 독자들이 그것들을 이해할 것이라고 단순히 생각하기 때문이다. 현대 비평가들이 서사이야기를 내재된 독자로서 읽는다면, 그들은 이 점에서 역사비평을 통해 얻은 깊은 이해들을 활용해야만 한다. 예수께서 헤롯을 여우라고 부를 때 예수께서는 무엇을 말씀하려고 하시는가?(눅 13 : 32) 현대 세계에서 여우라고 불리는 사람은 교활하고 약삭빠르고 속임수를 쓰는 사람으로 생각되어진다. 하지만 고대문학을 살펴보면, 누가복음이 기록되던 당시에 여우는 탐욕스럽고 파괴적인 인물로 생각되었다. 더욱이 여우는 그 당시의 문학에서 병아리들에게는 위협적인 것으로 묘사되었는데, 예수께서 자신을 어미닭에 비유하는 구절에서 그러한 이미지를 발견할 수 있다(13 : 34).[16]

성경연구에서 많은 관심을 기울여 온 또 하나의 개념은 아이러니(Irony)라는 문학적인 기법이다. 상징과 아이러니는 이 둘이 본문의 다양한 의미를 밝혀 내는 데 관심을 갖는다는 점에서 밀접한 연관이 있다. 하지만 상징은 어떤 것이든 그것이 표면적인 의미 이상의 의미를 갖고 있다는 인식에 기초하고 있는데 비해, 아이러니는 참된 해석이 실제로는 표면적인 의미와는 반대된다는 생각을 갖고 있다. 한 여인이 나드향유로 예수께 기름부은 것(막 14 : 3-9)은 그것이 그녀의 감정적인 행위일 뿐만 아니라, 예수의 장례준비를 의미하기 때문에 상징적이다. 하지만 병정들이 예수에게 가시관을 씌운 것은 그들의 그러한 행위가 '고통을 감수하면서 세상을 다스리는 왕'에게 조롱섞인 경의를 표하려는 의도를 갖고 있었기 때문에 아이러니이다.

보리스 우스펜스키(Boris Uspensky)는 아이러니를 말, 행동, 동기, 또는 신념들을 통해서 나타나는 관점의 '불일치'(nonconcurrence)라고 정의한다.[17] 예를 들어, 등장인물의 말은 그 표현되어진 관점이 등장인물의 행동의 관점과 일치하지 않을 때, 아이러니로 여겨진다. 병정들이 예수를 유대인의 왕으로 선포한 후 그를 갈대로 치고 그에게 침뱉을 때(막 15 : 18-19), 그들의 말은 그들의 행동이 보여 주는 것과는 전혀 다른 관점을 보여 준다. 이처럼 행동이 그 동기와 일치하지 않을 때 그것은 아이러니로 판정된다. 가장 근본적인 의미에서 아이러니는 언제나 이해의 불일치에서 오는 결과이다.[18]

어떤 학자들은 언어적인 아이러니(verbal irony)와 상황적인 아이러니(situational irony)를 구별한다. 언어적인 아이러니는 화자가 의도적으로 어떤 것을 말하면서 실제로는 다른 것을 의미하는 경우를 가리킨다. 상황적인(또는 극적인) 아이러니는 뮈크(D.C. Mueke)가 부지불식의 요소라고 부르는 것을 의미한다.[19] 상황적인 아이러니에서 사람들은 자신도 모르는 사이에 아이러니의 희생물이 된다. 그들은 자신들이 아이러니의 대상이라는 사실도 알지 못한다. 이러한 아이러니의 전형적인 예는, 예수가 백성들을 위해서 죽을 것이라고 가야바가 선언하는 요한복음 11 : 49~52에서 찾아 볼 수 있다. 내재된 독자는 이것을 죽음에 대한 예수의 승리와 그의 구원의 사역에 대한 증거로 받아들인다. 물론 요한복음에서 가야바는 그의 말이 이렇게 해석되기를 바라지 않았을 뿐만 아니라, 요한복음에서 그렇게 표현된 사실을 전혀 모르고 있다.

방금 인용한 예에서는 해설자가 독자들로 하여금 그들의 시선을 집중케 함으로써 아이러니를 결코 놓치지 않도록 하기 때문에, 아이러니가 분명히 드러난다. 하지만 때로 아니러니는 보다 암시적인 방식으로 사용된다. 그래서 부스는 아이러니가 독자에 의해서 발견되어져야 한다는 점을 강조한다.[20] 그 본래 성격상 아이러니는 미묘함을 갖고 있기 때문에, 신중하게 살펴본다고 해도 언제나 드러나거나 해석되어지는 것은 아니다. 놓칠 수 있는 가능성은 항상 있다. 이와는 달리 파울 듀크(Paul Duke)가 말한 대로, "본문에서 아이러니를 찾는 학자와 비평가들은 사냥의 흥분에 사로잡힌 사람처럼 지나치게 열중해서 그들의 한계구역을 넘어서 사냥을 하고, 감동케 하는 본문의 모든 곳에 무차별 사격을 해대는 경향이 있다."[21] 따라서 아이러니로 여겨지는 것에 대한 논의는 저자의 의도보다도 비평가의 창의성을 드러내는 경향이 있다.

이러한 함정에도 불구하고, 서사비평은 아이러니에 주의를 기울이지 않을 수 없다. 복음서들은 아이러니들로 가득 차 있다. 누가복음을 보면, 한 바리새인은 하나님이 세리를 의롭게 여기신다는 사실을 알지 못하고, 자신이 세리와 같지 않다는 사실로 인해 하나님께 감사를 드린다(18 : 9-14). 마가복음에는 야고보와 요한이 예수의 오른편과 왼편에 앉기를 간청하는데, 그들은 이 자리가 십자가를 진 사람들에 의해서 채워질 것임을 알지 못했다(10 : 35-15 : 27). 사실 복음서의 기본적인 이야기들은 확장된 아이러니들 위에 구성되어 있다. 이스라엘 백성들은 그들의 메시야를 거부했다. 하나님의 아들이 불경한 자들에 의해서 오히려 불경죄로 고소를 당한다. 하나님을 거역하는 사람들이 하나님의 뜻을 전하는 일에 자신도 모르게 도구로 사용되어진다.[22] 이러한 아이러니들은 네 복음서 서사이야기에서 발견되어지는 하나의 주제에 뿌리를 두고 있는데, 그것은 하나님의 통치가 사람들이 기대하는 것과는 다른 방식으로 임한다는 사상이다.[23]

아이러니와 상징은 둘 다 내재된 저자가 독자로 하여금 그 이야기를 해석케 하도록 안내하는 수사학적인 기법이다. 부스는 이러한 안내가 일어나는 네 단계를 제시한다 : 독자는 1)내적이거나 외적인 실마리에 상응하는 단어들의 문자적인 의미를 거부하고,[24] 2)그것과는 다른 설명을 하려고 하며, 3)이것을 그가 내재된 저자에 대해서 믿는 것에 근거해서 평가하려고 한다. 그리고 4)저자의 가정된 의도들에 근거해서 결정을 내린다.[25] 이 재구성의 단계들은 어떤 경우에는 다 나타나기도 하지만, 그렇다고 해도 그 과정은 독자로 하여금 내재된 저자를 얼핏 대면하게 해 줄 뿐이다. 본문의 의미를 밝히기 위해서, 독자는 내재된 저자의 의도를 고려해야 할 뿐 아니라 궁극적으로는 그것을 받아들여야만 한다.

이러한 이유로 인해서 상징과 아이러니는 강력한 수사적 기법으로 사용된다. 이 기법들을 사용함으로써 독자에게 최소한 두 단계의 의미를 제시하며, 독자로 하여금 '보다 높은 곳에 와서 살도록' 초청한다. 이러한 재구성의 단계들을 통해서 작업을 하면 독자는 부스가 말하는 '유쾌한 직관의 도약'(a delightful leap of intuition)을 하게 된다.[26] 다른 사람들이 놓친 것을 파악해 내는 것은 비교할 수 없는 기쁨을 준다. 독자는 이야기의 등장인물들이 보지 못한 것을 찾아낸다. 그래서 아이러니는 '숨겨진 아첨'을 사용하는 설득의 기술을 통해서 독자를 내재된 저자와 결합시킨다.[27] 이러한 매력적인 사실에 덧붙여서 성경학자들은 다른 효과들도 찾아내었다. 듀크는 "아이러니가 그 추종자들에게 의사소통의 감각을 상으로 준다."고 말한다.[28] 아이러니(또는 상징)에 담겨진 작품의 의도된 의미를 놓칠 수 있기 때문에 그 의미를 찾아냄으로써 독자들은 동일한 정신성에 대한 경험을 공유하게 된다. 여기에 덧붙여서, 컬페퍼는 아이러니와 상징을 사용하는 것이 독자로 하여금 서사이야기를 반복해서 읽도록 장려한다는 사실을 밝혀 내었는데, 그것은 가장 민감한 독자라고 할지라도 본문이 전송하는 모든 부호를 단번에 다 받지 못할 것이 분명하기 때문이다.[29]

4. 서사이야기의 기법들

내재된 저자는 서사이야기 기법들을 사용함으로써 독자가 본문을 이해할 수 있게 해준다. 이러한 기법들은 때로 정의하기 어렵지만, 그 기법들은 이야기를 구성하고 들려 주기 위해서 사용되어지는 반복적인 구성방식들과 구상(design)의 특징들을 갖고 있다. 기본적인 의미에서 이것들은 본문이 문장, 단락, 그리고 장으로 이루어져 있음을 가리킨다. 하지만 최근의 성경역본들에서 이러한 종류의 기법들은 내재된 저자의 의도보다는 번역자의 어휘선택상의 결정을 반영하고 있다. 예를 들어 현재의 성경독자들에게 친숙한 장 절 체계는 최근에 본문에 반영된 것이다. 그리고 성구색인을 활용한다고 해도 서사이야기 자체에서 발견되어지는 기법을 밝혀 내기가 쉽지 않다.

서사비평가들은 내재된 저자가 작품을 구성하면서, 어떤 문학적인 원칙들을 사용했는지를 밝혀 내는 것에 더 많은 관심을 가진다. 이러한 관심은 새삼스러운 것이 아니다. 성경연구에서 구성 모티브들을 찾아내는 것은 한때는 구성분석과 수사비평 작업에 속했다. 그래서 서사비평가들은 기존의 문학연구의 작업들에서 사용되어 온 방법들 가운데 활용할 만한 것들이 많다는 사실을 알고 있다.

데이비드 바우어(David Bauer)는 로버트 트라이나(Robert Traina)와 하워드 퀴스트(Howard Kuist)가 발전시킨 체계를 수정해서 성경 서사이야기에서 발견되어지는 15개의 '구성관계'의 범주를 제시했다.[30]

1. 반복(repetition)은 유사하거나 동일한 요소들의 되풀이를 의미한다.
2. 대조(contrast)는 상이하거나 반대되는 것을 묶어서 병치시키는 것이다.
3. 비교(comparision)는 비슷하거나 같아 보이는 것을 묶거나 병치시키는 것이다.
4. 인과관계와 실증(causation and substantiation)은 서사이야기를 원인과 결과의 관계로 배치하는 것이다(인과관계는 원인에서 결과로 실증은 결과에서 원인으로 나아간다).
5. 절정(climax)은 정도가 약한 것에서 강한 것으로 나아가는 것이다.
6. 전환(pivot)은 긍정적인 것에서 부정적인 것으로, 또는 부정적인 것에서 긍정적인 것으로 이야기의 방향이 바뀌는 것이다.
7. 구체화와 일반화(particularization and generalization)는 본문내에서 보다 구체적이거나 또는 보다 종합적인 설명으로 이야기가 전개되는 것을 의미한다.
8. 목적의 진술(statements of purpose)은 이야기가 수단에서 목적으로 전개되도록 서사이야기를 구성하는 것을 의미한다.

9. 복선(preparation)은 앞으로 이야기가 어떻게 전개될 것인가를 독자에게 미리 알려 줄 수 있는 재료를 서사이야기의 한 부분에 집어넣은 것을 말한다.
10. **요약**(summarization)은 지금까지 충분히 다루어진 자료를 간추리거나 알기 쉽게 정리해 주는 것이다.
11. **질문**(interrogation)은 의문이나 문제를 제기한 후 답이나 해결책을 제시하는 것이다.
12. **포괄**(inclusio)은 예배시에 사용하는 교송(antiphon, 시편 8 : 1, 9)에서 볼 수 있는 것처럼, 한 단락의 처음과 끝에 특징적인 것들을 반복하는 것이다.
13. **교차**(interchange)는 'a, b, a, b'의 형식으로 이야기를 전개하는 것이다(누가복음 1-2장에서는 세례요한의 탄생과 예수의 탄생이야기가 번갈아 나타나고 있다).
14. **교차대조**(chiasm)는 'a, b, b, a'의 형식으로 이야기를 전개하는 것이다(예를 들면 마태복음 5 : 45에는 악, 선, 의, 불의의 요소들이 교차되어 나타나고 있다).
15. **삽입**(intercalation)은 한 문학단위를 다른 문학단위의 중간에 집어넣은 것을 말한다.

서사비평가들은 구성요소가 내재된 저자에 관한 사실들을 보여 준다는 점 때문에 구성요소들을 밝히는 데 관심을 기울인다. 로드스(Rhoads)와 미치(Michie)는 구체화(particularization)가 '마가복음의 가장 두드러지고 특징적인 문체'라는 사실을 밝혀 내었는데, 마가는 "때가 찼고 하나님의 나라가 가까웠다."(1 : 15)라는 일반적인 진술에 바로 이어서 이 구절을 보다 간명하게 표현하는 방식을 사용한다.[31] 사실 마가는 이러한 기법을 즐겨 사용했는데, 이 방법을 통해서 이야기들을 연결시킨다(8 : 22-25). 8 : 22~25는 이 기법이 어떤 효과를 가져다 주는지를 보여 주는 표준 구절이다. 마가는 또한 모든 에피소드들을 교차대조적인 형태로 배열시키기를 좋아한다.[32] 그리고 마가복음은 전체적으로 삽입의 가장 좋은 예를 몇 가지 보여 준다(5：21-43, 11：12-25). 이외의 서사이야기들은 또 다른 기법들을 보여 준다. 사도행전은 일반화의 원칙에 따라서 구성되어 있는 것으로 보인다(1：8). 사도행전에서 베드로의 설교는 실증의 형태로 여겨지는데, 그의 설교는 설교 직전에 일어난 사건들, 예를 들면 오순절의 제자들의 비정상적인 행동(2：14-36), 앉은뱅이 치유(3：12-26, 4：8-12), 이방인 세례(11：1-18)사건 등에 숨겨진 의미가 무엇인지를 설명해 준다. 사도행전 9장에 기록된 사울의 회심은 이야기의 긍정적인 방향전환을 보여 주는 한 고전적인 예이다.

　이러한 모든 기법들은 개별문장으로부터 단락, 또는 책 전체에 이르는 다양한 규격과 길이를 가진 모든 서사이야기의 단위들에 적용될 수 있다. 이야기를 해나가려면 이러한 기법들을 사용할 수밖에 없다. 사실 바우어가 지적한 대로 이러한 기법들은 예술작품에서 비롯되었다. 그것들은 비서사적인 문학유형에서 뿐만 아니라 음악, 회화, 조각, 건축에서도 발견되어진다.[33] 복음서 기자들이 이것을 알았든지 몰랐든지 간에 그들은 예수이야기를 하는 데 있어, 여러 가지 방법 가운데서 의도적으로 현재의 방식을 택했다. 복음서 기자들은 자료들을 어떻게 구성하고 배열할 것인가를 나름대로 결정했으며, 그들의 이러한 결정은 독자들이 이야기를 이해하는 데 영향을 미칠 수밖에 없다.

제 4 장
사 건

 모든 이야기는 사건, 등장인물, 그리고 배경이라는 세 가지 요소를 갖고 있다. 사람들은 무엇인가를 누군가에게 그리고 어떤 장소, 어떤 시간에 행하게 된다. 여기서 그가 행하는 무엇인가는 사건이고, 행하는 사람은 등장인물이며, 장소와 시간은 배경이다.
 그래서 사건은 이야기 속에서 일어나는 일이나 해프닝인데 사건 없이 이야기가 꾸며질 수는 없다. 세이모어 채트맨(Seymour Chatman)은 '피터에게는 친구도 친척도 없다.'고 진술하는 것은 사건을 묘사하지 않기 때문에 이야기가 아니라고 말한다. '피터가 죽었다.'거나 '단 한사람만 피터의 장례식에 참석했다.'는 문장은 사건을 묘사하기 때문에(이 두 문장이 개별적이든지 아니면 결합되든지 간에) 이야기를 구성하는 것으로 간주되어진다. [1]
 그러나 우리는 사건을 너무 협소하게, 즉 육체적인 행동이라는 제한된 의미로만 생각하지 않도록 주의해야 한다. 과거에는 이러한 제한된 개념들이 사용됨으로써 복음서를 '서사자료'(narrative material)와 '말씀자료'(sayings material)로 구분하는 실수를 범하기도 하였다. 채트맨은 사건이 말(존은 배 고프다고 말했다), 생각(존은 가야겠다고 생각했다), 그리고 느낌이나 감정(존은 불편한 느낌이 들었다)도 포함한다는 사실을 강조한다.[2] 따라서 복음서에 기록된 예수의 연설과 말씀들은 그 자체가 하나의 사건이며, 당연히 서사이야기의 한 부분으로 간주되어야만 한다.

1. 사건에 대한 서사적 이해

사건을 서사이야기의 내용이나 우리가 이야기라고 정의하는 것으로 간주하는 것은 충분치 않다. 이야기가 담론되어졌다는 점, 즉 사건이 내재된 저자에 의해서 제시되어지는 방식을 고려해야만 한다.

핵심사건과 주변사건들

롤랑 바르트(Roland Barthes)는 모든 사건이 다 동일하게 중요한 것은 아님을 밝혀 냈다.[3] 핵심사건(kernels)이라고 불리우는 사건들은 매우 중요해서 그것들이 빠지면 서사이야기의 논리가 파괴되어 버린다. 하지만 주변사건(satellites)이라고 불리는 사건들은 생략되어도 이야기의 기본구조는 파괴되지 않는다. 이런 경우 서사이야기의 효과나 미학적인 측면이 약화되는 것이 사실이지만 그렇다고 해서 의미를 파악할 수 없을 정도는 아니다. 바르트는 한 번 결정되어진 핵심적인 사건들은 지속적이고 논리적으로 진행되어야 한다고 믿는다. 다시 말하면, 핵심사건들은 서사이야기를 일관성있게 전개시킬 수 있도록 선별되어야 한다는 것이다. 주변사건들은 이러한 선택과는 관계가 없으며, 핵심사건들에서 되어지는 그 선택들의 수행을 단순히 묘사할 뿐이다.

　사건들이 의미를 가지려면 어떤 순차적인 질서가 있어야 한다는 기본적인 생각을 받아들이면서도, 성경학자들은 핵심사건이나 주변사건이라는 개념을 그렇게 많이 사용하지는 않았다. 그것은 바르트의 제안에도 불구하고, 핵심사건과 주변사건을 구분하는 데 필수적인 객관적인 범주들이 결여되어 있었기 때문인 것으로 보인다. 그래서 성경학자들에게는 채트맨이 '어떤 이야기에서 무엇이 핵심적이고 무엇이 주변적인 것인가를 밝히는 데 그토록 쉽게 합의에 이르게 된 것'에 감동하는 것이 이상스럽게 보인다. 그는 그 구분을 '누군가가 밝혀 낼 수 있는 심리학적인 실재'라고 생각한다.[4] 이것은 그동안 성경연구에서는 다루어지지 않았는데, 그것은 성경학자들이 그렇게 구분하는 것에 어떤 명확한 확신을 갖고 있지 않았기 때문이다.

순　서

　제라드 주네뜨(Gerard Genette)를 비롯해서 몇몇 학자들은 문학작품의 사건보고를 통제하는 시간적인 관계에 주의를 기울여 왔다.[5] 여기서는 이야기 진행순서(story time)와 담론 진행순서(discourse time)를 구분하는 것이 중요하다. 이야기 진행순서는 이야기 세계를 만들어 가는 과정에서, 내재된 저자가 염두에 두는 실제 사건발생의 순서를 말한다. 담론 진행순서는 해설자가 독자들을 위해 제시하는 사건묘사의 순서를 말한다. 때때로 이야기의 해설자는 독자들에게 앞으로 어떤 일이 일어날 것인지를 미리 알려 주기 위해서 시간적으로 앞으로 나아가기도 하고, 이미 일어난 사건을 알려 주기 위해서 과거로 거슬러가기도 한다. 예를 들어, 마태복음을 읽는 독자는 14：1~2까지는 세례요한의 죽음에 대해서 알지 못한다. 그러다가 갑자기 헤롯이 예수가 다시 살아난 요한이 아닌지 궁금해 하는 장면에 이르러서야 비로소 해설자는 그 이전에 헤롯이 요한을 어떻게 처형했는지를 상당히 자세하게 묘사한다. 독자는 이 사건이 연속적인 사건 발생순서와는 다르게 기록되었으며, 이야기 진행순서에서는 그 사건이 과거에 일어났음을 안다. 물론 내재된 저자는 해설자로 하여금 정확한 연대기적인 순서에 따라서 모든 사건을 보고하게 해야 하지만 이렇게 하는 것은 별로 흥미가 없으며, 궁극적으로는 충분한 효과를 거두지 못한다. 사건들이 보고되어지는 순서는 서사담론, 즉 이야기가 진행되는 방식에서 중요한 위치를 차지한다.

이야기 진행순서와 담론 진행순서의 사건배열에서 나타나는 불일치를 순서변경(anachronies)이라고 한다. 서사비평가는 본서에서 간략하게 언급할 수밖에 없는 다양한 유형의 순서변경을 언급한다.[6] 순서변경은 사건이 뒤늦게 보고되는 회고(analepses)와 사건이 미리 이야기되어지는 예고(prolepses)로 구별하는 것이 일반적이다. 마태복음 14장에 나오는 요한의 죽음에 대한 기사는 회고이다. 엄격한 의미에서 예고, 즉 사건들이 실제로 일어나기 이전에 미리 이야기되어지는 경우는 복음서에는 나타나지 않는 것으로 보인다. 하지만 성경학자들은 예고를 앞으로 일어날 사건들에 관한 예측과 예견을 포함하는 넓은 의미로 사용한다.

회고와 예고는 이야기의 시간적인 틀 안에 있는지에 따라서 내적인 것과 외적인 것으로 나뉘어진다. 예를 들어, 마태복음 14장의 해설자는 예수의 죽음으로 시작해서 그의 부활로 끝나는 이야기를 하고 있는데, 여기에 나오는 요한의 죽음은 전체 이야기를 포함하는 시간내에서 일어난 것으로 보이기 때문에 내적인 회고이다. 다른 예를 들면, 마태가 고대 예언자들의 말을 인용하는 것은 예수에 관한 이야기들이 시작되기 전에 일어난 사건들을 회상시키기 때문에 외적인 회고이다. 예고를 예언으로 생각하려는 학자들은 마태복음에 나오는 예수의 죽음과 부활에 대한 예언을 내적인 예고로, 그리고 그의 재림을 외적인 예고로 구분하는데, 그것은 예수의 죽음과 부활사건이 그 이야기 속에서 이루어지기 때문이다. 그래서 마태복음의 이야기가 예수의 탄생에서 부활에 이르는 연속적인 사건을 다루고 있다고 해도, 이 이야기는 창조에까지 거슬러 올라가고 (19:4, 8, 24:21, 25:34), 또 종말까지 나아가는(13:49, 24:3, 28:20) 다양한 시간적인 관점에서 이야기되고 있음을 알 수 있다.

혼합된 순서변경(mixed anachronies)은 이야기 진행순서에서는 단지 부분적으로만 나타난다. 요한복음은 수많은 혼합된 회고를 담고 있는데, 이야기에서 전개되는 사건들이 발생하기 이전에 시작된 사건이 이야기 진행순서에 연속적인 것으로 묘사된다(예를 들면, 8:58, "아브라함이 있기 전에 내가 있었느니라"). 마태복음에서는 이러한 혼합된 회고는 전혀 찾아볼 수 없는데, 그것은 마태의 서사이야기에서 예수의 이야기는 이스라엘의 이야기와 연속되지 않기 때문이다.[7] 마태는 혼합된 예고를 담고 있는데, 그것은 예수의 이야기가 그의 제자들의 이야기와 연속되어 나타나는 것에서 알 수 있다(cf. 18:20, 28:20).

소요되는 시간

해설자가 한 사건을 보고하는 데 소요되는 총시간은 사건이 일어난 실제 소요시간(duration)과는 전혀 일치하지 않는다. 주네뜨는 담론 진행순서의 소요되는 시간이 이야기 진행순서의 소요되는 시간과 어떤 관계를 갖는지를 다음과 같이 다섯 가지 방식으로 정의했다.[8]

1. **요약**(summary)은 담론 진행시간이 이야기 진행시간보다 적게 소요되는 경우를 말한다. 독자는 해설자가 사건을 보고하는 데 소요되는 것보다 이야기 세계에서 실제로 발생하는 데 더 많은 시간이 소요된다는 사실을 안다. 누가복음의 해설자는 몇 년 동안의 예수의 생애를 단 한 줄로 표현했다 : "아이가 자라서 강건하여지니라"(2 : 41).

2. **현장묘사**(scene)는 담론 진행시간과 이야기 진행시간이 엇비슷하게 소요되는 경우를 말한다. 독자는 이야기 속에서 사건이 일어나는 데 실제로 소요되는 시간과 해설자가 그 사건을 보고하는 데 소요되는 시간이 동일하다는 것을 안다. 연설들과 직접적인 담론의 보고는 가장 좋은 예인데, 이렇듯 때로 행동을 상세하게 일일이 보고하는 것을 현장묘사라고 한다.

3. **확장**(stretch)은 이야기 진행시간이 담론 진행시간보다 짧은 경우를 말한다. 이것은 성경설화에서는 나타나지 않는 현상이다. 현대문학에서 해설자는 이야기 진행에서는 한순간에 일어난 등장인물의 생각, 느낌, 내적인 감정을 몇 페이지에 걸쳐서 묘사하기도 한다. 복음서의 해설자는 이렇게는 하지 않는다. 이러한 이유로 인해서, 복음서 이야기는 현대소설에 비해서 빠르게 전개된다.

4. **생략**(ellipses)은 이야기 진행이 계속되는 동안 담론 진행이 중단되는 경우를 말한다. 독자는 해설자가 사건을 보고하지 않더라도 이야기 세계 속에서는 시간이 계속 흐르고 있다고 생각해야 한다. 복음서에서는 에피소드 사이에서 종종 생략이 일어난다. 예를 들면, 마가복음 1 : 32~34에서 해설자는 예수가 하루 저녁에 많은 사람들을 치유했다고 보고한다. 마가복음 1 : 35에서 해설자는 예수가 아침에 무슨 일을 했는지를 보고한다. 서사이야기의 담론은 언급하지 않지만 이야기 세계에서는 실제로 여러 시간이 지나간 것이다.

5. 중지(pause)는 담론 진행이 계속되는 동안, 이야기 진행이 중지되는 경우를 말한다. 해설자는 '타임아웃'을 선언하고 독자들에게 무엇인가를 묘사하고 설명한 다음, 그가 떠난 곳에서 다시 이야기를 시작한다. 독자는 이 특별한 설명과 묘사가 계속되는 동안 이야기 세계에서는 시간이 전혀 흐르지 않았음을 안다. 중지의 좋은 예는 마가복음 7:3~4에서 발견할 수 있는데, 여기서 해설자는 독자가 그 사건을 해석할 수 있도록 도와 주는 어떤 배경이 되는 정보를 제공하기에 충분할 만큼 오랫동안 예수와 바리새인 사이의 갈등의 이야기를 하고 있다.

이러한 구분은 구분 그 자체가 목적이 아니다. 왜냐하면 서사비평의 목적은 작품을 전체적으로 해석하는 것이기 때문이다. 서사비평가가 주네뜨의 범주를 적용해서 얻으려는 것은 서사이야기의 속도를 측정하는, 즉 그것이 어디에서 속도를 내고 어디에서 속도를 늦추는지를 찾아내는 방법이다.

빈 도

서사비평가는 또한 이야기 속에서 사건이 발생하는 빈도(frequency)와 그것들이 보고되는 빈도에 관심을 갖는다. 주네뜨는 담론 진행과 이야기 진행에서 나타나는 빈도 사이에 이루어지는 네 가지 가능한 관계를 다음과 같이 밝히고 있다.[9]

1. **단수보고**(singular narration)는 한 번 일어난 사건을 한 번 보고하는 것이다. 이것은 이야기를 전하는 가장 일반적이고 자연스러운 방법이다.
2. **반복보고**(repetitive narration)는 한 번 일어난 사건을 반복

해서 보고하는 것이다. 이것은 바울의 다메섹 도상의 사건기사가 사도행전에서 세 번 반복되는 것에서 볼 수 있다. 독자는 바울이 그러한 경험을 세 번 했다고는 생각하지 않고 동일한 사건이 처음에는 해설자에 의해서(9 : 1-9), 그리고 바울 자신에 의해서(22 : 4-16, 26 : 9-18) 진술된다고 생각한다.

3. **다수의 단수보고**(multiple-singular narration)는 반복적으로 일어난 사건을 사건이 발생하는 때마다 한차례씩 보고하는 것이다. 마태복음에서 그 예를 찾아볼 수 있는데, 종교지도자들이 예수에게 징조를 구하는 기사가 두 번 나온다(12 : 38-45, 16 : 1-4). 독자는 이것이 비슷하지만, 각기 개별적인 사건임을 안다.

4. **함축보고**(iterative narration)는 반복해서 일어난 한 사건을 한 번만 보고하는 것이다. 누가복음 22 : 39에서 그 예를 찾아볼 수 있는데, 여기서 해설자는 예수께서 관례대로 감람산에 오르셨다고 말한다. 독자는 이 구절을 통해서 예수께서 감람산에 여러 번 올라가셨음을 알게 된다.

어떤 사건이 이야기 전개과정에서 언급되어지는 빈도는 그것이 전체 서사이야기에 대한 독자들의 이해에 영향을 미치기 때문에 서사비평에서 중요하다. 반복은 대체로 강조의 의미를 갖고 있는데, 그것은 독자로 하여금 사건의 의미를 한 번 이상 고려하도록 요구하기 때문이다. 사건언급의 빈도를 통제함으로써 내재된 저자는 텍스트를 이해하는 데 도움을 주는 신호를 독자에게 보낼 수 있다.

인과관계

서사이야기의 플롯을 이해하기 위해서는 사건들을 서로 이어 주는 인과관계(causation)의 요소들을 확인하는 작업이 또한 중요하다. 사건들 사이의 인과관계는 가능성(possibility), 개연성(probability), 우연성(contingency)의 범주로 세분화되어진다. 우연성의 경우에서만 실제적으로 한 사건이 다른 사건에 영향을 미친다. 가능성은 한 사건이 단순히 다른 사건의 발생을 가능케 하는 경우를 말한다. 이와 마찬가지로 개연성의 관계는 한 사건이 그와 유사한 다른 사건을 발생시키는 경우를 말한다.

포스터(E. M. Forster)는 인과관계가 플롯의 결정적인 특징이라고 주장했다.[10] "왕이 죽고 그 다음에 왕비도 죽었다."라는 문장은 전혀 관련이 없는 두 개의 사건을 보고하고, 그것이 발생한 순서를 말하고 있기 때문에 플롯을 이루지 못한다. 이야기가 플롯을 갖기 위해서는 사건들이 의미있는 형태로 서로 연결되어야만 한다. 항상 그런 것은 아니지만 대체로 이것은 인과관계의 요소를 사용함으로써 가능해진다. 포스터에 의하면, "왕이 죽고 왕비가 슬픔을 못이겨 죽었다."라는 문장은 두 사건 사이에 인과관계가 형성되기 때문에 플롯이 된다.

채트맨은 포스터의 주장을 한 걸음 더 진전시킨다.[11] 채트맨은 인과관계의 원칙은 문학에서 매우 강력해서 독자는 그것이 진술된 것으로 기대하며, 실제로 인과관계가 진술되지 않을 때라도 그것을 추론해 낼 것이다. 다른 언급이 없다고 해도 포스터가 제시한 첫 번째 문장, 즉 "왕이 죽고 왕비도 죽었다."라는 문장을 대하는 독자는 두 사건이 관련되어 있으며, 왕의 죽음이 어떤 방식으로든 왕비의 죽음을 예기케 한다고 생각할 것이다. 포스터가 제시한 두 문장은 인과적인 연결이 보여 주는 명확성의 정도에서 다를 뿐이다. 두 문장은 모두 인과관계의 요소를 갖고 있으며, 또 갖고 있는 것으로 생각되어질 것이다.[12]

인과관계의 원칙에 대한 이러한 깊은 이해는 복음서를 문학적으로 읽는 데 중요한 의미를 갖는다. 네 복음서는 모두 기본적으로 에피소드적인 플롯을 갖고 있다.[13] 그 이야기들은 간단한 사건들이나 한 사건에 이어서 바로 다음 사건을 보고하는 에피소드들로 이루어진다. 대부분의 경우에 있어서, 이 에피소드들은 서사이야기의 다른 부분들과 구별되어서 개별적으로 이해되고 감상되어질 것이다. 그럼에도 불구하고, 문학적인 독서는 그것들 사이에 어떤 인과적인 연결, 즉 명확하게 이야기되기도 하고 아니면 단순히 암시만 되어지는 연결이 있다고 생각할 것이다.

이러한 원칙이 서사비평에 어떻게 적용되는지를 보기 위해서 마태복음의 몇 구절을 살펴보도록 하겠다. 마태복음 12：9~14에서 우리는 예수께서 안식일에 회당에 들어가셔서 한쪽 손마른 사람을 만나셨다는 이야기를 읽는다. 몇몇 바리새인들이 예수를 주의깊게 관찰하고 있다. 그들은 예수에게 '안식일에 병자를 치료하는 것이 합법적이냐?'고 물으면서 예수를 비난했다. 예수는 그들의 질문에 대답을 하시면서 '안식일에 선행을 하는 것이 합법적이고, 그래서 그 사람을 치유했다'고 말씀하셨다. 해설자는 바리새인들이 나가서 예수를 모함하고 어떻게 하면 그를 없앨 것인지를 모의했다고 기록하면서 그 에피소드를 마친다. 해설자는 바리새인들이 회당에서 방금 일어난 사건으로 인해서 그러한 모의를 했다고는 말하지 않지만, 독자는 어떤 인과적인 연결을 확실하게 찾을 수 있을 것이다. 그래서 마태복음에서 이 구절이 갖는 중요성은 안식일법과 자비를 베푸는 것 가운데 어느 것이 더 높은 윤리적 가치를 갖고 있는지에 대해서 그 구절이 보여 주는 통찰에 국한되지 않는다. 오히려 이 구절은 예수를 죽이기 위한 계획, 즉 앞으로 이야기 전개과정에서 중요한 관심사가 될 이 플롯을 도입하기 위한 즉각적인 동기유발을 제공해 주기 때문에, 서사이야기를 전체적으로 이해하는 것이 중요하다.

마태복음에 익숙해 있는 독자는 이야기가 전개되면서 손마른 사람에 관한 사건이 다시 언급되지 않기 때문에, 작품분석을 계속해 가면서 상당히 놀라게 될 것이다. 예수가 마침내 재판을 받게 될 때 그는 안식일에 사람을 치료했다는 죄목으로 사형선고를 받은 것이 아니고, 신적인 권위를 갖고 있다고 선포했다는 불경죄로 인해서 사형선고를 받았다. 하지만 이러한 명백한 모순은 마태복음 12:9~14이 그 다음에 오는 에피소드들과 인과적으로 연결되어진다는 사실을 알게 되면 풀리게 된다. 마태복음 12장의 처음 여덟 절은 앞에서 일어난 예수와 바리새인들 사이의 사건, 즉 안식일 법에 관한 사건을 반복한다. 예수는 그의 제자들이 안식일에 이삭을 줍도록 내버려 두었다는 것으로 인해 비난을 당했으며, 이 때 예수는 자신, 즉 인자가 안식일의 주인이라고 말씀하시면서 그들에게 답하셨다. 그날 늦게 예수께서 회당에 들어가셨을 때 바리새인들이 예수를 주의깊게 살핀 것은 바로 이 말씀 때문이었다. 그것은 또한 문제가 되는 환자 치료사건이 일어나기 전이라고 해도, 바리새인들은 얼마든지 예수를 고소할 준비가 되어 있었다는 사실을 설명해 준다. 사실 손마른 사람으로 인해서 일어난 사건은 바리새인들에게는 시험사례에 불과했는데, 그들은 그 사건을 통해서 예수가 이전 사건에서 말한 바가 실제로 무엇을 의미하는지를 알아내고자 했다. 따라서 예수를 죽이려는 플롯이 안식일에 사람을 치유한 것과 즉각적으로 연결이 된다고 해도 이 사건은 보다 본질적인 것, 다시 말해서, 자신이 안식일 이상의 권위를 갖고 있다고 선언한 것과 연결되어 있는 것이다. 이러한 주장은 종교지도자들에 의해서 불경죄로 해석될 수 있는 것이다.

복음서의 에피소드들이 서로 인과관계를 갖고 있다는 생각은 새로운 성경연구 방법인 서사비평이 갖고 있는 특징이다. 역사비평이 주도적일 때에는 복음서는 내적으로 서로 관계가 없는 다양하고 개별적인 관점들의 수집으로 연구되어졌다. 우리가 현재 살펴보는 구절들에서 이러한 관점들의 구성적인 배열에 주의를 기울일 때에도, 개별단위들 사이의 주제적이거나 단순히 연속적인 관계를 밝히는 데에만 주력하였다. 하지만 서사비평은 원인과 결과의 논리적인 전개를 밝히려고 한다.

물론 이러한 생각은 억지춘향식으로 될 가능성도 있다. 모든 사건이 마지막에 이르기까지 다른 사건을 직접적으로 유발시키는 그러한 문학작품에서 발견되어지는 엄격한 유형의 플롯구성을 복음서에 그대로 적용하는 것이 옳은 일은 아니다.[14] 감지가능한 인과적 연결을 식별해 내는 것이 가능할 때, 내재된 독자는 그렇게 하려고 할 것이다. 채트맨이 말한 대로 "우리는 언제나 변함없이 구조를 분석하고, 필요하다면 그것을 마련해 놓을 것이다."[15] 독자들은 인과관계가 서사를 이해하는 데 도움을 주는 경우라면 언제든지 그 원칙을 적용하려는 일관된 성향을 갖고 있다.

갈 등

본서에서 이미 논의된 문제들과 아울러서, 사건을 갈등분석의 측면에서 이해하는 것이 중요하다. 로렌스 페린(Laurence Perrine)은 갈등을 '행동, 사상, 욕망, 또는 의지의 불일치'라고 폭넓게 정의한다.[16] 이러한 불일치는 서사이야기에서 필수적인 것으로 보이는데, 그것은 갈등의 요소를 갖지 않는 이야기를 상상하기가 어렵기 때문이다. 서사비평가는 이러한 갈등을 밝혀 내고 갈등이 전개되어지고 해결되어지는 방식을 확인하는 데 관심을 기울인다.

갈등은 다양한 차원에서 일어난다. 대부분의 경우 갈등은 등장인물 사이에서 일어나는데, 그것은 관점의 불일치나 등장인물의 서로 다른 성격적인 특징으로 인해서 야기된다. 이러한 문제들은 다음 장에서 더 자세히 이야기될 것이지만, 이것은 갈등의 한 가지 유형일 뿐임을 분명히 할 필요가 있다. 페린은 갈등이 등장인물과 배경 사이, 즉 사람과 그들의 환경 사이에서도 일어날 수 있음을 발견해 냈다. 등장인물들은 자연과 사회, 그리고 운명과 갈등을 일으키는 것으로 묘사되기도 한다. 그러한 문제들에 있어서 등장인물들은 자신과 갈등을 빚기도 한다.[17]

복음서를 대충 읽기만 해도, 복음서 이야기에 갈등의 주제가 얼마나 많이 들어 있는지를 알게 될 것이다. 예수는 이스라엘의 종교지도자들 뿐만 아니라 자신의 제자들로부터서도 반대를 받았다. 어떤 때는 사단의 세력을 물리쳐야 하고, 질병과 죽음의 세력을 물리쳐야만 했다. 그는 자연과도 전투를 치루어야 했는데 파도를 잔잔케 하고 물 위를 걷기도 하셨다. 그는 자신의 앞날에 대해서 내면적으로 괴로워했으며 내적인 갈등을 겪었다. 그리고 네 복음서의 모든 이야기들은 진리와 거짓, 하나님의 것과 사람의 것 사이의 지속적인 갈등을 그 배후에 깔고 있다.

이야기를 구성하는 개별적인 사건들은 그것들이 서사이야기 전체에서 나타나는 갈등의 전개와 해소에 어떻게 기여하는가에 따라서 연구되어진다. 갈등의 성격은 각 파벌들이 상대편에게 행하는 위협의 측면에서 이해되어질 수도 있다. 서사이야기에서는 갈등이 전개되면서 그 성격이 변화되기도 한다. 또 새로운 위협이 첨가되기도 하고 기존의 갈등이 사라지기도 한다. 어떤 경우에는 갈등의 본질은 동일하게 남아 있고 그 강도만 변하기도 한다.

마태복음 12 : 1~8(안식일에 이삭줍는 사건)과 12 : 9~14(한쪽 손 마른 사람을 치유한 사건)에서 묘사하고 있는 사건들은 마태복음에 나타나는 예수와 종교지도자들 사이의 갈등을 이해하는 데 도움을 준다. 종교지도자들은 그들이 예수가 율법, 특히(이 경우에는) 안식일 법의 권위와 거룩성에 도전을 한다고 생각했기 때문에 예수를 반대한다. 이것은 예수와 종교지도자들 사이의 갈등에 새로운 진전의 전기를 마련해 준다. 이제까지 예수에 대한 종교지도자들의 반대는 율법에 대한 위협의 측면에서는 정의되지 않았다. 그래서 이 동일한 에피소드에서 예수의 생명에 대한 종교지도자들의 위협이 처음으로 이야기에 들어오게 된다는 것이 특기할 만하다.[18]

이러한 위협에 대한 언급은 그것이 적용되지 않는 것으로 보이는 경우들도 분명히 있기 때문에, 갈등의 규명에 너무 얽매이지 않는 것이 좋다. 예수와 그의 제자들은 네 복음서에서 서로 갈등을 빚고 있지만, 그들이 서로에게 위협을 가했다고는 생각할 수 없다. 그럼에도 불구하고 이러한 위협이 있을 때, 그것들이 어떻게 나타나느냐에 따라서 갈등의 해소를 묘사하는 것이 가능할 것이다. 위협이 사실로 나타나기도 하고, 아무런 일없이 소멸되기도 할 것이다. 갈등은 또한 이야기내에서 해소되지 않은 채 남아 있을 수도 있다. 이러한 경우에는 해소되지 않는 갈등이 독자에게 직접적으로 부딪치기 때문에 상당히 높은 효과를 가져다 줄 수 있다. 독자는 내재된 저자가 그렇게 하지 않는다고 해도, 그 갈등을 그들 자신의 삶에 적용시켜 보려고 하며, 그것을 스스로 해소시키려고 한다. 우리는 영화나 소설이 여운을 남기는 것을 경험하게 된다. 그리고 그 여운이 오랫동안 지속되는 것을 안다. 우리는 내가 만약 등장인물의 입장에 있었다면 어떻게 했을 것인가 생각해 본다 : 우리는 그 갈등을 어떻게 해소시키고, 그 결과 어떤 일이 일어났을까?

문학작품 속에서 갈등이 해소되지 않은 채 남겨지는 가장 좋은 예 가운데 하나를 누가복음 15 : 11~32(탕자이야기)에서 발견하게 된다. 이 고전적인 이야기는 형에게 그의 교만을 버리고, 동생을 위해서 마련한 즐거운 잔치에 참여하도록 권하는 것으로 끝난다. 하지만 이 이야기는 형이 그 권유를 받아들였는지에 대해서는 아무런 언급도 하지 않는다. 그래서 결과적으로 독자는 내가 그였다면 어떻게 했을 것인가라는 질문에 답할 수 없다. 마가복음의 돌연한 마무리도 이런 방식으로 이해하는 것이 좋을 것이다. 예수를 잃어버린 제자들은 그에게 돌아오도록 초대받고 있다. 하지만 마가는 (마태와 누가, 요한이 한 것처럼) 예수와 그의 제자들 사이의 실제적인 연합을 계속해서 이야기하지 않는다. 이 연합이 실제로 일어났는지, 이러한 연합이 어떻게 일어났는지는 독자의 상상에 맡겨져 있다. 많은 독자들은 우리가 생각하는 대로 그들 자신의 경험에 근거해서 그 결과를 상상하게 될 것이다.[19]

2. 연구의 실제 : 마태복음의 플롯

지금까지 사건분석에 중요한 여러 문학적인 개념들이 정의되고 예시되었다. 우리는 이제 이러한 개념들을 성경연구에 실제로 적용할 때, 마태복음의 플롯이 무엇인가를 밝히는 데 어떤 기여를 하는지 살펴보고자 한다.[20]

마태복음의 핵심사건과 주변사건

프랭크 마테라(Frank Matera)는 마태의 이야기에서 어떤 것이 핵심적이고 어떤 것이 주변적인 것인가를 밝히고자 했다.[21] 마테라는 여섯 개의 핵심사건을 찾아내고, 그것들이 이야기의 전환점을 이룬다고 말한다. 예수의 탄생(2:1)은 사람들이 메시야의 오심에 어떻게 반응을 보일 것인가라는 점에서 위기를 유발시킨다. 예수사역의 시작(4:12-17)은 이러한 위기가 이제 더 강화된다는 점에서 전환을 이룬다. 이어서 나오는 부분은 이스라엘이 예수의 선포와 가르침, 치유사역에 어떻게 반응했는지에 특별히 관심을 기울인다. 세례요한의 질문(11:2-6)은 중대한 결정을 내려야만 하는 사람이 바로 예수 자신임을 보여 주는 자료를 수반한다. 그가 보냄을 받은 사람들로부터 거부를 당하게 되자 예수는 그의 제자들과 비록 이방인이라고 할지라도 그를 믿는 사람들에게 관심을 전환하기로 결심한다. 이런 결정을 내리고 난 다음, 가이사랴 빌립보에서의 대화(16:13-28)는 이야기에서 다음 위기를 유발시킨다. 예수의 제자들은 이제 자신들을 고통과 죽음으로 부르시는 메시야를 따를 것인지를 결정해야 하는 순간에 직면한다. 다섯 번째 핵심사건은 예수의 성전청결 사건(21:1-17)인데, 이것은 예수의 수난과 부활의 이야기를 수반한다. 마지막으로 대위임(the Great Commission)은 수반되어지는 주변사건이 없는 핵심사건으로 마태복음 전체의 절정을 이룬다. 그리고 독자들이 직면하게 되는 새로운 난점, 즉 복음이 과연 모든 나라에 선포될 것인가 하는 문제를 제기한다.

마테라의 분석은 인상적이기는 하지만 그렇다고 완벽한 것은 아니다. 우리는 이외에도 마태복음에서 중요한 전환점들, 예를 들면 12:14에 나오는 예수를 죽이려는 플롯의 도입과 같은 것을 찾아낼 수 있다. 예수의 십자가에서의 죽으심과 부활사건이 그 자체로 핵심사건이 되지 못하고, 성전 청결사건의 주변사건으로 간주되어야만 하는가에 대해서도 의문이 생긴다. 한 성경학자가 핵심사건으로 분류해 놓은 것이 옳다는 사실을 다른 사람에게 어떻게 입증해 보일 것인가? 이러한 어려움을 해결하기 위해서 플롯의 문제를 다른 각도에서 보는 것이 필요하다.

마태복음의 진행순서, 소요시간, 빈도

이야기 진행순서와 담론 진행순서를 구분해 놓고 보면, 마태복음에서는 두 사건이 특별한 주의를 받을 만하다. 첫째는, 예수께서 하시는 대연설인데 이것은 거기에 소요된 담론시간의 길이가 주목할 만하다.[22] 이것들은 주네뜨가 현장묘사라고 부른 것, 즉 담론의 소요시간이 이야기에서 실제로 소요되는 시간과 거의 일치하게 느리게 진행되는 경우의 좋은 예이다. 둘째로, 마태의 수난설화를 이루고 있는 사건들은 마태복음의 다른 부분들과는 구별되는 방식으로 제시되고 있다. 담론시간은 상당히 느리게 흘러간다. 그래서 마태는 일주일 동안에 일어난 사건을 보고하는 데, 세 장(26-28장)을 소요하고 있다. 덧붙여서 말하면, 이 사건들은 마태의 이야기에서 나타나는 대부분의 순서변경의 경우들이다. 예수의 수난은 내적인 예고(16:21, 17:22-23, 20:17-19)를 통해서 명백히 예견되며 여러 번 암시된다(예 9:15, 17:9-12). 그것은 베들레헴의 유아살해 사건(2:16-18)에서, 그리고 세례요한의 처형(14:1-12, cf.17:12)에서도 역시 암시되어진다. 그래서 언급의 빈도와 담론시간의 느린 흐름은 마태복음의 독자로 하여금 그 이야기의 다른 사건들보다 대연설과 예수의 수난을 더 자세히 살피도록 만든다.

마태복음의 인과관계

인과관계의 원칙을 마태복음에 적용하면, 수난이야기의 사건들은 대연설들과는 다른 방식에서 의미를 갖는다. 마태복음의 수많은 문장들은 사건들 사이의 인과적인 연결을 이루며, 이러한 수많은 사건들은 십자가상에서의 예수의 죽음으로 귀결되어진다. 우리는 예수께서 안식일 법을 무시하는 듯하고, 안식일의 주인이라고 선포하는 것이 종교지도자들로 하여금 그를 죽이려는 음모(12:1-4)를 꾸미게 했음을 이미 살펴보았다. 이와 비슷하게, 그의 가르침은 사람들로 하여금 그에게 반대하게 하고(13:53-57), 그의 능력있는 사역은 오히려 그가 귀신들렸다는 비난을 받게 만들었다(9:34, 12:24). 이와는 반대로, 예수의 말씀과 사역이 사람들로 하여금 그의 권위에 감복하게 만드는 경우도 있다(7:28-29, 9:8, 33).

하지만 이것 역시 종교지도자들이 '시기심에 차서' 그를 빌라도에게 넘겨 주었다(27:18)는 이야기로 인해서 결국 수난이야기와 연결되어진다. 바우어는 이스라엘에 대한 예수의 사역을 다루는 마태복음의 부분(4:17-16:20)이 그의 수난과 부활을 다루는 부분(16;21-28:20)과 인과관계의 원칙으로 연결되어진다는 것을 보여 주었다.[23] 마태는 이스라엘이 왜 메시야를 거부하고 그를 십자가에 못박았는가를 설명하는 방식으로 예수의 가르침과 선포, 그리고 치유사역을 이야기해 나간다.

그래서 수난이야기는 단순히 마태복음의 끝부분에 덧붙여진 후기(epilogue)가 아니고, 전체 이야기가 지향하는 목표이다. 마태의 독자는 수난이 예수의 생애와 사역의 목표라는 사실을 알게 된다. 예수는 자신의 생명을 많은 사람을 위한 속전으로 주기 위해서 오셨다(20:28). 이러한 확신은 이야기가 시작되면서 들려진, 예수가 그의 백성을 그들의 죄에서 구원할 것이라는 천사의 예언적인 선포(1:21)를 연상케 한다.[24] 그 이야기가 말하고자 하는 바는 다름아닌 예수의 수난이다. 한편 예수의 대연설은 그것이 이야기의 전체적인 전개를 규제하지 않기 때문에 이야기에 종속적인 기능을 하고 있는 것으로 보아야 한다. 연설은 독자로 하여금 그 본문을 특별한 의미를 가진 것으로 보도록 하는 담론시간의 느린 진행을 분명히 보여 준다. 하지만 동시에 마태이야기의 독자는 예수가 말을 하기 위해서 온 것이 아니고, 그의 생명을 주기 위해서 왔다는 사실을 알게 된다. 예수는 백성들을 그들의 죄에서 구원하기 위해서 왔으며, 그는 말을 통해서가 아니라 계약의 피, 즉 많은 사람들의 죄용서를 위해서 흘리는 피를 통해서 자신의 사역을 이루게 될 것이다(26:28). 수난이야기의 사건들은 그 이야기의 다른 사건들이 지향하는 목표의 위대한 완성을 보여 준다.

마태복음의 갈등분석

이러한 관찰은 우리가 마태복음의 갈등분석을 할 때 입증된다. 표면적으로는 주로 예수와 종교지도자들, 그리고 예수와 그의 제자들 사이에서 갈등이 빚어지는 것으로 보인다. 종교지도자들과의 갈등은 그들이 예수를 신적인 권위를 가진 존재로 보지 않는다는 점에서 비롯된다. 이 갈등이 이야기 속에서 발전되어 가면서, 종교지도자들은 예수를 시험하고(16 : 1, 19 : 3, 22 : 18, 34), 도전하고 (21 : 15, 23), 비난하며(9 : 3, 34, 12 : 24), 말로 얽어매려고 하고 (22 : 15), 심지어는 그를 죽일 음모를 꾸미기까지 한다(12 : 14, 26 : 3-4). 독자는 이러한 갈등과 관련되어서 일어날 수 있는 최악의 일은 예수를 해치려는 지도자들의 음모가 이루어지는 것임을 알고 있다. 이 최악의 일은 지금까지의 갈등이 마태복음의 수난이야기에서 해소되어지면서 염려한 그대로 정확히 일어난다(26 : 56, 69-75).

예수와 그의 제자들 사이의 갈등은 고난받음과 종으로서의 섬김을 제자직의 본분으로 주장하는 예수에 대한 제자들의 거부에서 표명된다. 이야기 속에서 제자들은 예수의 가르침의 이러한 본질적인 측면을 파악하는 데 실패했음을 여실히 보여 주며(예를 들어, 19 : 13-14, 23-25, 20 : 20-28을 보라.), 그렇게 생각한다고 예수를 비난하기까지 한다(16 : 22). 독자들이 생각하기에 이러한 갈등과 관련되어서 일어날 수 있는 최악의 일은 제자들이 모두 예수를 거부하고 그를 따르지 않기로 하는 것이다. 독자의 이러한 생각은 마태의 수난이야기에서 갈등이 해소되면서 염려한 그대로 정확히 일어난다(26 : 56, 69-75).

마태가 갈등을 이렇게 부정적인 방식으로 해소하려고 했다는 사실을 믿기가 어렵기 때문에 어떤 사람은 갈등이 실제로는 28장의 예수의 부활과 대위임 전에는 해소되지 않는다고 주장한다. 그들의 주장에 의하면 종교지도자들은 예수를 죽이려는 그들의 계획을 이룬 것처럼 보일 뿐이다. 사실은 예수가 부활했기 때문에 그들의 음모는 실패에 그친다. 이와 유사하게 예수의 제자들이 처음에는 그를 버린 것처럼 보이지만, 우리는 후에 그들이 다시 돌아와서 모든 나라에 새로운 선교를 하도록 보내진 것을 알게 된다. 하지만 이러한 견해가 갖고 있는 문제는 그것이 수난이야기에서 예수가 당한 실제적인 패배들을 경시한다는 것이다. 마태는 복음서 말미에서 짧은 몇 구절을 가지고 오로지 갈등을 해소시키기 위한 목적으로, 거짓된 해소사건을 확장한 기사를 수난이야기에 삽입하고, 독자들로 하여금 거기에 익숙해지도록 하지는 않는다.

궁극적으로 복음서 플롯의 결정적인 요소는 종교지도자들과 예수 사이의 갈등이 아니고, 그의 제자들과의 갈등이라는 사실을 인식함으로써 우리는 본문을 보다 낫게 이해하게 된다. 이 이야기가 실제로 말하고자 하는 것은 더 깊은 차원에서의 갈등, 즉 하나님과 사단 사이의 갈등이다. 물론 갈등의 양상이 하나님과 사단의 대립으로 나타나지는 않는다. 하나님은 사단에 반대하는 예수 안에서 역사하신다(예, 13:36-43). 예수는 하나님의 가장 탁월한 대리인으로서 자신의 목숨을 많은 사람을 위한 대속물로 줌으로써, 그리고 용서의 새 계약을 세우기 위해 그의 피를 흘림으로써, 하나님의 백성을 그들의 죄에서 구하기 위해 왔다. 사단은 특별히 하나님의 아들이신 예수에게 도전하는데(4:1-11) 간접적으로는 그 이야기 전체를 통해서 언제나 역사한다. 사단은 제자들이 예수를 거역하는 그 배후세력으로 정의된다(16:23). 종교지도자들은 그들이 예수를 시험할 때, 사단을 닮은 방식으로 행동한다. 하지만 마태복음의 가장 큰 아이러니는 종교지도자들은 예수를 십자가에 처형하기를 원하지만, 사단은 예수가 십자가를 지는 것을 막으려고 한다는 점이다(cf. 16 : 21-23). 따라서 마태복음에서 나타나는 예수(또는 하나님)와 사단 사이의 갈등은 역시 수난이야기에서 해소되어진다. 그러나 이 갈등해소의 주역은 분명히 예수이다. 예수가 십자가에서 죽을 때 그는 하나님의 뜻을 이루고(예, 26 : 39, 42) 사단의 뜻을 물리친다. 아이러니컬하게도 예수는 사단과의 큰 갈등에서 이기기 위해 종교지도자들과 자신의 제자들과의 갈등에서는 '져야'만 한다. 부활과 대위임의 이야기는 이 패배들을 배제하지 않지만 모든 관계를 새롭게 갱신한다. 우리는 종교지도자들이 계속해서 예수를 반대하고(28 : 11-15), 제자들은 예수를 계속 의심한 것(28 : 17)을 알고 있다. 그럼에도 불구하고 예수는 하나님의 백성을 그들의 죄에서 구원했으며, 그럼으로써 새로운 사역, 즉 그의 우주적인 권위와 충만한 현존하심에 근거한 사역을 시작할 수 있었다.[25]

마태복음의 플롯에 대한 결론

마태복음의 플롯은 기본적으로 그 중심인물인 예수의 이야기이다. 이것이 오늘날에도 명확히 보인다는 사실은 그동안의 성경연구가 복음서들의 서사적인 성격에 관한 인식을 얼마나 발전시켜 왔는가를 보여 주는 징표이다. 금세기 초에 마태복음은 교리문답서, 성구집, 또는 행정지침서로 읽혀졌지만, 그것이 예수에 관한 이야기라는 이론들은 논쟁이 되어 왔다.[26]

그러나 예수에 관한 이 이야기는 보다 넓은 관점을 갖고 있는 하나님에 대한 이야기 속에 위치한다. 마태의 시간적인 관점은 예수 생애의 사건에만 국한되지 않고 창조에서부터 그 시대말까지 이어진다. 마태가 그의 이야기의 규준으로 삼은 것은 하나님의 관점이다. 사실 마태의 설화에서 예수에 관해 가장 의미있는 사실은 그가 하나님의 아들이며, 하나님의 아들로서 하나님의 백성을 그들의 죄에서 구원하기 위해서 오셨다는 것이다.

마태복음의 플롯은 에피소드적이다. 하지만 그것을 이루는 에피소드들은 서로 연결되어 있다. 수많은 에피소드들이 예수와 종교지도자들 사이의 갈등을 전개시키며, 이스라엘이 예수를 거부하고 그를 죽음으로 몰고 가는 일이 어떻게 일어났는지를 설명하는 역할을 한다. 개별 에피소드들은 예수와 그의 제자들 사이의 갈등을 전개하고 제자들이 궁극적으로 예수를 버린 이유가 무엇인지를 설명하는 역할을 한다.

그래서 마태복음에서는 한 차원 이상의 플롯 전개를 찾아볼 수 있다. 그래서 궁극적으로 이야기를 단순히 사건의 연쇄로 묘사하려고 하기보다는, 오히려 주 플롯(main plot)과 다양한 부 플롯(subplots)으로 이야기하는 것이 가장 좋을 듯하다.[27] 예수와 종교지도자들, 또는 예수와 그의 제자들 사이의 보다 명확한 갈등에 관해서 뿐만 아니라, 그보다 한 단계 위에 있는 하나님과 사단 사이의 갈등에 관한 플롯 전개에 대해서도 의미깊게 이야기한다. 그래서 이 모든 플롯 구절들이 예수의 체포와 십자가 처형을 중심으로 한 사건들에서 그 해결책을 찾는다는 사실이 중요하다.

내가 이해하기로는 마태복음에서의 주 플롯은 하나님의 계획에 관심을 두는데, 이것을 통해서 하나님의 다스림이 이루어지고 하나님의 백성이 죄에서 구원받게 된다. 이 계획은 예수가 하나님의 아들—하나님께서는 예수를 통해서 우리와 함께 하신다(1:23)—로 등장하는 복음서의 처음 부분에서 밝혀진다. 하나님은 예수를 기뻐하시며(3:17), 예수를 통해서 백성들을 죄에서 구원하려고 하신다(1:21). 하지만 독자는 사단이 하나님의 아들이신 예수에게 도전하고 하나님의 목적을 방해하려고 한다는 사실을 곧 알게 된다(4:1-11).

마태복음의 두 번째 부분에서는 하나님과 사단의 갈등을 직접 묘사하는 것으로부터 등장인물들 사이의 갈등, 특별히 예수와 종교지도자들 사이의 갈등전개로 초점이 옮겨진다. 하지만 어떤 점에서는, 이것은 표면 아래서 계속되어지는 보다 큰 투쟁을 보여 준다. 종교지도자들은 사단처럼 악하다(9:4, 12:34, 39, 45, 16:4, cf. 13:19, 38). 그들은 예수를 시험하고 그의 신적인 권위에 도전한다. 예수가 자신의 가르침과 선포, 그리고 치유사역을 계속하자 그들은 하나님의 백성들에게 구원을 가져다 주려는 그의 노력들을 방해하기로 결심한 것으로 보인다. 사실 그들의 목적은 달성되었으며, 이로써 이스라엘이 예수를 거부하고, 그가 제공하는 구원도 거부할 것임이 분명해진다.

하지만 예수의 첫 번째 수난예고(16:21-23)에서 마태복음의 주 플롯은 새로운 전환을 한다. 이 예고는 아이러니컬하게도 예수에 대한 종교지도자들의 거부와 그 결과인 예수의 십자가 처형이 다름 아닌 하나님의 계획이며, 사실 사단이 막으려고 했던 바로 그 일임을 보여 준다. 이어지는 예고는 하나님의 백성이 그들의 죄에서 구원되어지는 것은 예수의 죽음을 통해서임을 보여 준다(20:28). 이처럼 수난이야기는 훌륭한 아이러니를 사용하고 있는데, 여기서는 종교지도자들이 예수와의 피상적인 갈등에서는 우세를 보이지만, 그렇게 함으로써 은연 중에 하나님의 계획이 이루어지며, 사단과의 보다 깊은 갈등은 예수를 위해서 해소된다는 사실이 바로 아이러니이다.

마태복음은 이 개관이 보여 주는 것보다 더 복합적이다. 예수와 그의 제자들, 즉 내재된 독자가 가장 분명히 확인할 수 있는 인물들이 등장한 부 플롯이 한 곳에 얽혀져 있다. 마태복음 28장은 종교지도자들과 예수의 제자들을 부활 이후의 빛에 비추어서 간략하게 보여 줌으로써, 예수가 당하는 명백한 패배를 새로운 관점에서 보게 해준다.[28] 덧붙여서, 복음서에서 다양한 관점으로 제시된 예수의 대연설들은 내재된 독자들에게 반복된 독서를 통해서 얻어진 특정한 즉각성을 선포한다.[29] 이 분석은 마태복음이 플롯을 갖고 있으며, 서사비평을 위해 설정된 범주를 적용함으로써, 이 플롯의 해석에 빛을 비출 수 있다는 사실을 증명하는 데 충분해야만 한다.[30]

제 5 장

등장인물

　겉으로 보기에는, 4장에서는 사건에 관해서만 다룬 것 같지만 등장인물(characters)에 대해서도 상당히 많은 언급을 했다. 그렇게 된 것은 페린(Perrine)의 비유에 의하면, 등장인물과 사건이 시소(seesaw)의 양쪽과도 같기 때문이다. 어느 쪽이 움직이든지 그것은 다른 쪽에 영향을 미치기 마련이다. 플롯은 등장인물과 사건의 상호작용을 통해서 효력을 발휘한다.[1] 소설가 헨리 제임스(Henry James)가 말한 대로 "등장인물은 사건의 결정적인 요인 외에 또 무엇이겠는가? 사건은 등장인물의 행동표출 외에 또 무엇이겠는가?"[2]

　등장인물은 이야기에서 행위자(actor)인데 플롯을 이루는 여러 가지 행동들을 수행하는 자이다. 우리는 등장인물하면 사람을 떠올리지만 어떤 문학작품에서는 동물, 로보트, 그리고 이 밖에도 사람이 아닌 것들이 등장하기도 한다. 창세기 3장에서는 뱀이 주인공으로 나타나며, 사사기 9 : 8~15에서는 나무들이 등장인물의 역할을 하고 있다. 복음서에서는 천사나 귀신과 같은 인간 이외의 등장인물들이 다양하게 나타난다.

그리고 한 무리의 사람들이 단일인물로 행동하는 것도 가능하기 때문에 등장인물을 개인에 국한시킬 필요는 없다. 복음서에는 예수를 따르는 사람들과 그의 제자들, 종교지도자들이 단일인물로 등장한다. 해설자가 예수의 제자들이 어떤 일을 했다거나 어떤 것을 말했다고 보고할 때 독자는 12명의 제자가 실제로 일제히 행동하거나 말했다고는 생각하지 않는다. 이러한 상투적인 표현은 수많은 등장인물이 하나의 역할을 하도록 하는 관례적인 문학기법이다.

1. 등장인물에 대한 서사적 이해

등장인물은 내재된 저자가 구성해 낸 것으로 이야기에서 특정한 역할을 수행하기 위해 만들어졌다. 하지만 그들은 가능한 한 이야기와는 독립된 인격체로 이해되어야만 하는데[3] 스크루지와 같이 우리 기억에 생생한 등장인물들은 그들에 대한 이야기와는 별개로 그들 자신의 삶을 영위하는 것으로 생각되어진다. 내재된 독자는 홈즈나 스크루지가 이야기에 언급되어 있지 않은 상황에서도 말하고, 또 행동하고 있다고 상상하기란 그리 어렵지 않다는 사실을 알게 될 것이다. 하지만 이러한 상상의 범위는 제한되어진다. 그것은 등장인물들에 대해서 서사이야기가 보여 주는 사실들에 근거해야 한다. 그래서 서사비평가는 등장인물의 성격묘사(characterization), 즉 내재된 독자가 서사이야기로부터 등장인물을 재구성해 내는 데 필요한 것을 어떤 과정을 통해서 독자에게 제공하는 지에 관심을 기울인다.

들려 주는 것과 보여 주는 것

　부스는 간단하면서도 의미깊은 관찰을 한 적이 있다. 그것은 내재된 저자는 독자들에게 등장인물에 대한 것을 들려 주거나, 아니면 그 이야기 자체내에서 등장인물이 어떠함을 보여줌으로써 등장인물을 묘사할 수 있다는 것이다.[4]

　들려줌(telling)의 기술은 신뢰할 만한 해설자로 하여금 독자에게 직접 말하도록 하는 것이다. 예를 들어, 호머는 오딧세이가 '영웅적이고', '존경할 만하고', '현명하다'고 독자들에게 직접 말한다. 현대문학에서는 들려줌의 기법은 때로 과장이 섞이고 주제넘게 참견이 심하고 아는 체 하는 것으로 여겨진다. 그러나 복음서에서는 이 방법이 많이 사용되고 있다. 마태는 요셉이 '의로운 사람'이었으며(1:19), 요한은 '선지자 이사야로 말씀하신 자'라고 말한다(3:3). 누가는 스가랴와 엘리사벳이 '하나님 앞에서 의인'이며, '흠이 없이 행'하는 사람들이라고 알려 준다(1:6). 이러한 진술들은 주제넘고 수다스럽게 보이지만 그래도 독자들이 납득할 만한 방식으로 등장인물들에 대한 내재된 저자의 견해를 들려 준다.

　하지만 복음서에도 등장인물들의 성격묘사를 하는 데 보여줌(showing)의 기술을 채택하고 있다. 내재된 저자는 독자에게 등장인물 자신의 견해나 그들에 관한 다른 등장인물의 견해를 보여 주는 진술들을 통해서 등장인물이 어떤 인물인지를 보여 줄 수 있다. 보리스 우스펜스키는 관점에 대한 연구에서 이러한 인물묘사가 네 가지 측면에서 일어난다고 주장한다. 공간적—시간적(spatial–temporal) 측면은 행동을, 어법적(phraseology) 측면은 대화를, 심리적(psychological) 측면은 생각을, 그리고 이념적(ideological) 측면은 신념과 가치를 가리킨다.[5]

　보여줌의 기술은 들려줌의 기술보다는 복잡하지만 매우 흥미롭다. 독자는 등장인물에 대한 내재된 저자의 견해를 밝히기 위해서 여러 본문들로부터 자료를 모으고 그것들을 평가하는 작업을 열심히 해야 한다. 특히 등장인물의 신뢰성 여부에 주의를 기울여야 하는데 여기에서 그들의 관점이 드러나기 때문이다. 세례요한이 종교지도자들을 '독사의 자식들'(마 3:7)이라고 부를 때, 내재된 저자는 독자로 하여금 종교지도자들을 독사의 자식으로 여기게 하려는 의도를 갖고 있는가? 요한은 '선지자 이사야로 말씀하신 자'라고 본문에 직접적으로 묘사되고 있기 때문에 그의 관점은 신뢰할 만한 것으로 보인다. 그리고 그 이야기의 후반부에서 예수(완전히 신뢰할 수 있는 인물로 입증된)가 요한을 선지자로 인정하고 사실 '선지자보다 나은 자'(11:9)라고 말할 때, 요한의 신뢰성은 확증된 것으로 보인다. 설혹 종교지도자들에 대한 세례요한의 평가가 과연 정확한가 하는 의문이 남아 있다고 해도 예수가 그들을 '독사의 자식들'로 부르는 장면(12:34, cf. 23:24)에서 그 의문은 깨끗이 사라진다.

하지만 독자는 이러한 인물묘사를 액면 그대로 수용해서는 안 될 때도 있다. 종교지도자들이 예수를 '귀신의 왕을 빙자하여 귀신을 쫓아내는 사람'으로 묘사할 때(마 9:34) 독자는 이 묘사가 그릇되었으며, 그리고 사실 그 묘사는 예수를 가리키는 것이라기보다는 바로 종교지도자들 자신들을 가리키는 것이라는 사실을 알게 된다(cf. 마 12:22-37).

보여줌의 기술은 독자로 하여금 등장인물에 대한 본문의 다양한 증거들을 서로 비교하고 평가하게 한다. 헤롯은 어법적인 측면에서는 예수께 경배하려는 사람으로 나타나지만(마 2:8) 공간적-시간적 측면에서는 그를 죽이려는 인물로 묘사된다(마 2:16). 마태는 그의 서사이야기의 처음 부분에서 이러한 딜레마를 독자에게 제시함으로써 마태복음의 중요한 주제, 즉 행위가 말보다 더 많은 것을 드러낸다(cf. 7 : 21, 23 : 2-3)는 사실을 아주 기술적으로 제시한다.

4복음서의 내재된 저자들은 그들의 서사이야기에 등장하는 인물들을 묘사하기 위해서 들려줌과 보여줌의 기법을 모두 사용한다. 하지만 무엇이 보여지는가가 문제이다. 그런 점에서 인물묘사의 두 측면, 즉 평가관점과 인물의 성격묘사가 특별히 중요하다.

평가관점

우리는 이미 3장에서 내재된 저자가 한 작품의 규준으로 세운 포괄적인 관점, 즉 평가관점(evaluative point of view)에 대해서 이야기한 바 있다. 이제는 이야기 속에 등장하는 개별인물들이나 무리들의 평가관점에 대해서도 말할 수 있을 것이다. 이러한 의미에서 평가관점이라는 용어는 등장인물이 사물을 보고 그것들을 판단하는 방식을 결정하는 규준, 가치, 그리고 전반적인 세계관을 가리킨다.[6] 엄밀히 말하면 이념적 측면의 진술이 사물들에 대한 등장인물의 평가관점을 보여 준다. 예를 들어, 마태복음 12 : 18의 사두개인에 대한 진술은 부활교리에 대한 그들의 평가관점을 보여 준다. 하지만 실제로 평가관점이라는 용어는 일반적으로 등장인물들이 진리와 거짓 가운데서 어느 것을 선택하는지를 보여 주는 데 사용된다. 등장인물이 어느 것을 지향하느냐 하는 것은 이야기가 전개되는 동안 인물묘사의 네 가지 측면 가운데 어느 한 측면을 통해서 드러나게 된다.

4복음서는 모두 참됨과 거짓됨이라는 두 가지 기본적인 관점만을 보여 주고 있으며, 모든 등장인물들의 평가관점은 거기에 따라서 판단되어진다.[7] 현대의 몇몇 저자들과는 달리 복음서 기자들은 등장인물들로 하여금 이 두 축 사이에서 모호한 태도를 취하도록 설정하지 않는다. 복음서의 해설자는 신뢰할 만한 하기 때문에 그들의 평가관점은 항상 참되다. 뿐만 아니라, 하나님의 평가관점은 참된 것으로, 그리고 사단의 평가관점은 거짓된 것으로 판정된다.

다른 등장인물들의 경우는 어떤가? 독자는 그들의 평가관점을 해설자, 하나님, 그리고 사단의 평가관점과 비교해서 그것이 참된지를 판단할 것이다. 마가복음에서 예수는 하나님의 관점과 일치되게 행동하고 말하고 생각하고 믿기 때문에, 참된 평가관점을 갖고 있는 것으로 보인다. 이와는 달리 종교지도자들은 하나님의 관점과는 전혀 다른 관점을 갖고 있다. 그들은 하나님의 말씀을 헛된 것으로 만들어 버림으로써 성경을 그릇되게 해석한다(7:13). 하나님은 예수를 아들이라고 부르는 것을 기뻐하시지만(1:11), 종교지도자들은 이러한 동일시를 소름끼치는 것으로 생각한다(14:61-64). 마가복음에서 예수의 제자들은 수시로 변절한다. 그들은 때로 하나님의 관점을 지지하지만 때로는 그렇지 못하다(특히 8:33).

등장인물의 성격묘사

등장인물은 서사이야기에서 그들에게 부여되는 성격에 따라 구분되어진다. 채트맨은 등장인물들을 '성격유형' 별로 분류하고, 성격에 대해서 심리학자 귈포드(J. P. Guilford)가 내린 정의, 즉 '한 사람을 다른 사람과 구별지어 주는 뚜렷하고 상대적으로 지속적인 모습'이라는 구절을 인용한다.[8] 성격은 서사이야기의 목적에 따라서 어떤 인물이 작품 전체에서 일관되게 보여 주는 성품들로 이해된다. 에벤에젤 스크루지는 '구두쇠'이고, 셜록 홈즈는 '예리하다'는 것이 그 예이다.

때로 등장인물의 성격을 묘사하는 형용사들을 본문 속에서 쉽게 발견할 수 있다. 예를 들어, 누가복음의 해설자는 스가랴와 엘리사

벳이 '의롭고 흠이 없다.'(1:6)고 말한다. 하지만 들려짐보다는 보여짐을 통해서 등장인물의 성격이 묘사되는 경우가 더 많기 때문에, 등장인물의 성격은 때로 추론되어져야 한다. 이러한 추론은 텍스트 외적인 통찰에 근거해서 등장인물을 심리학적으로 이해하는 것을 의미하지 않으며, 오히려 텍스트가 내재된 독자에 대해서 세운 가정들을 찾아낼 것을 요구한다. 누가복음 16:14에서 독자는 종교지도자들이 '돈을 좋아하는 자'들이라는 사실을 명백히 듣는데, 그 바로 앞에 나오는 구절에서는 예수께서 하나님과 돈을 다 섬기려고 하는 사람은 "혹 이를 중히 여기고 저를 경히 여길 것임이니라."고 말씀하시는 것을 듣게 된다. 따라서 16:14에서 종교지도자들에게 명백히 묘사된 성격('돈을 사랑하는 자')은 다른 성격('하나님을 미워하는 자')을 함축한다.[9]

서사비평가는 때로 등장인물의 성격들에 근거해서 등장인물의 유형을 분류한다. 포스터의 분류가 가장 잘 알려져 있는데, 그는 잠재적으로 상충되는 다양한 성격들을 소유한 원형 등장인물(round characters)과 일관성이 있고 예측가능한 성격을 소유한 평면형 등장인물(flat characters)로 구별한다.[10] 아브람스는 여기에다 일시적 등장인물(stock characters)을 첨가하는데, 이 유형은 어떤 이야기에서 일시적인 역할을 하는 인물로 한 가지 특징만을 지니고 있다.[11]

누가복음 21:1~4에서 예수가 칭찬한 과부는 일시적 유형이다. 그 이야기에서 그녀가 맡은 유일한 역할은 '희생하는 것'(sacrificial)이 무엇을 의미하는 지를 보여 주는 것이다. 대다수의 종교지도자들은 아마 평면형 인물로 분류될 것이다. 그것은 그들에게 부여된 성격들('사랑이 없는 자', '위선자', '스스로 의롭다 하는 자' 등)이 일관성을 갖기 때문이다. 이와는 반대로 누가복음에 등장하는 예수의 제자들은 원형의 가장 좋은 예이다. 그들은 겸손하고

(5:8), 자기를 부정하고(5:11), 충성스럽다(22:28). 그런 반면 교만하고(22:33), 자리에 연연하며(22:24), 겁장이다(22:54-62).

예수는 일관되게 긍정적으로 묘사되지만 그에게 부여된 성격들은 다양하며, 그래서 때로는 놀랍기조차하다. 그는 자신의 적들에게 비판적이기도 하지만(11:37-52) 때로 회유적이기도 하다(23:34). 예수는 자신을 따르기를 원하는 사람들을 쉽게 받아들이기도 하고(9:11) 경계하기도 한다(9:57-62, 14:25-33). 그는 하나님의 계시를 받은 사람들을 보면 아주 기뻐하시지만(10:21-22), 그렇지 못한 사람들을 보면 비통해 하신다(19:41-44). 그래서 예수는 제자들처럼 원형 인물이다. 그러나 자신의 다양한 성격들에도 불구하고, 예수는 지속적으로 하나님의 평가관점을 신봉한다는 점에서 제자들과는 다르다. 제자들은 그들이 보여 주는 성격들에서 뿐만 아니라, 하나님의 관점에 대한 충절에서도 일관성이 없다.

어떤 문학이론가들은 기본적인 인물유형이 서사 전개과정에서 변화하는가, 그렇지 않은가에 따라서 등장인물을 정적(static)인 유형과 역동적(dynamic)인 유형으로 분류하려고 한다. 이러한 유형분류에 의하면 예수는 비록 육체적으로 성장하고 '지혜가 충족'해졌다(2:40, 52)고 해도, 그의 인물특징과 평가관점이 동일한 채로 남아 있기 때문에 누가복음에서는 정적인 인물로 분류되어질 수 있을 것이다. 누가복음(과 특히 누가복음-사도행전)에서 제자들은 역동적인 유형에 속한다.

감정이입, 공감, 반감

문학작품은 독자를 상상의 세계로 이끈다. 우리는 독서를 하다가 때로 이야기 속으로 빨려들어 가서, 우리가 그 이야기 세계의 등장인물과 함께 있다고 상상하던 경험을 갖고 있을 것이다. 문학비평가들은 이것을 감정이입(empathy) 효과라고 부른다. 감정이입 효과는 '무의식적인 투사', '내적인 모방', 그리고 마음에 와닿는 것에 대한 관찰자의 감성적인 개입 등으로 다양하게 정의되어진다.[12]

이러한 효과가 어떻게 이루어지는가? 독자들은 그들과 유사한 등장인물과 감정이입하려고 하거나(사실적인 감정이입 ; realistic empathy), 그들이 지향하는 이상형의 등장인물들과 감정이입하려고 한다(이상적인 감정이입 ; idealistic empathy). 문학적 측면에서 내재된 독자와 어떤 등장인물 사이의 감정이입은 평가관점과 인물의 성격이 서로 공통점을 가질 때 이루어지게 된다.

마태복음의 내재된 독자는 하나님의 평가관점을 선호하기 때문에, 예수나 제자들과 감정이입할 가능성이 많다. 예수와의 동일시는 이상적인 감정이입인데, 예수는 내재된 독자가 염원하는 완벽한 이상형이기 때문이다. 이러한 동일시는 그 이야기의 영역 밖에서도 예수가 계속해서 존재한다는 사실을 확증해 주는 마태복음의 진술들에 의해서 강화되어진다(cf. 18 : 15-20, 25 : 31-45, 28 : 20). 내재된 독자는 예수께서 여전히 존재하는 공동체에 자신이 속해 있으며, 예수는 그 공동체를 통해서 이 시간도 말하고 행동한다고 생각하도록 촉구된다. 이와는 달리 예수와의 감정이입은 마태의 서사이야기에서 상당히 제한되고 있다. 내재된 독자와 예수가 하나님의 평가관점을 공통적으로 갖고 있다고 해도, 예수는 내재된 독자가 소유할 수 없는 수많은 특징들을 갖고 있다. 예수는 구원하시며 (1 : 21), 권위가 있으시고(23 : 8, 10), 그러한 점으로 인해서 내재된 독자가 도저히 바랄 수 없는 방식으로 영원히 계신다(18 : 20, 28 : 20). 이러한 점으로 인해서 마태의 이야기에서 내재된 독자가 예수의 모습과 감정이입하려고 하는 것은 "내가 바로 그리스도이다."라고 말하려는 사람들을 향하신 예수 자신의 경고에 의해서 단

절되어진다(24 : 5).

　마태복음에서 사실적인 감정이입의 최상의 가능성은 예수의 제자들에게서 찾아볼 수 있다. 그들은 하나님의 관점을 선호할 뿐만 아니라, 독자도 공유하고 있는 성격들을 가지고 있다. 마태복음에서 제자들은 신앙이 없는 자들이며(6 : 30, 8 : 26, 14 : 31, 16 : 8), 마음은 원이로되 육신이 약한 자들이다(26 : 41). 그들은 점차적으로 많은 것을 깨닫게 되지만, 항상 바른길로 행하지는 않는다(16 : 5-12). 그들은 실패도 경험한다(26 : 56). 그러나 항상 헌신하려는 마음을 새롭게 한다(28 : 16-20). 사실 마태의 이야기에서 제자들은 때로는 시대가 다르지만 교회, 즉 내재된 독자가 분명히 속해 있는 마태의 이야기 세계 밖에 있는 공동체를 가리키기도 한다(18 : 17, cf. 16 : 18). 한 곳(24 : 15)에서 마태의 해설자는 예수가 제자들에게 말씀하시는 것을 단절시키고 독자에게 직접 말하기도 한다(24 : 15). 이러한 관행은 마태의 독자가 여기서 제자들과 감정이입을 하고, 예수의 말씀을 그들 자신의 상황에 적용하는 것임을 보여 준다.

　공감(sympathy)의 문학적인 개념은 감정이입의 개념과 관계가 있다. 하지만 감정이입에 비해서 그 정도가 약하다. 등장인물의 감정으로 개입해 들어 가는 감정이입과는 달리 공감은 동일한 느낌을 갖는 것이다.[13] 내재된 독자는 등장인물들이 자신과 동일한 평가기준을 갖고 있지 않다고 해도 등장인물들과 공감할 수는 있다. 서사비평가들은 감정이입과 마찬가지로 공감 역시 내재된 독자가 만들어 내는 문학적인 효과로 여긴다. 독자로 하여금 한 등장인물과 공감하게 만드는 가장 단순한 방법 가운데 하나는, 독자가 감정이입하게 되는 다른 등장인물에게 공감하게 하는 것이다. 일반적으로 한 서사이야기의 독자는 주인공이 가장 관심을 보이는 등장인물들에 대해서 대체로 깊은 관심을 보인다. 이것은 독자가 상당히 깊은 감정이입을 경험하는 인물이 대부분 주인공이기 때문이다.
 예수의 제자들이 마태복음에서보다 마가복음에서 독자의 눈에 더 거슬리게 묘사된다는 사실을 우리는 잘 알고 있다. 그래서 설혹 독자가 마가복음에 묘사된 제자들의 모습에 감정이입을 한다고 해도 (13:14), 마가복음에서는 이러한 동일시가 상당히 제한적일 수밖에 없을 것이다. 그러나 마가의 독자는 그 이야기에 등장하는 예수의 반대자들을 대하는 것과는 다른 방식으로 제자들을 대한다. 왜 그런가? 그 이야기의 주인공인 예수 자신이 제자들에게 관심을 보이기 때문이다. 독자는 제자들이 궁극적으로 성공할 것이라는 그의 확신뿐만 아니라, 그들이 성공하기를 바라는 예수의 소명과도 감정이입을 한다(13:9-13).
 반감(antipathy)은 어떤 특정한 인물을 멀리하거나 경시하는 마음을 가리키는데, 이것은 긍정적인 공감의 반응과 동일한 방식으로 형성되어진다. 내재된 독자가 다른 등장인물들을 싫어하는 어떤 인물과 감정이입이 되면, 내재된 독자 역시 그 사람들에 대해서 싫어하는 마음을 갖게 될 것이다.
 감정이입, 공감, 그리고 반감은 독자가 자신을 서사이야기 속의 등장인물들과 동일시하는 것을 의미한다. 독자들은 이야기를 읽으면서 때로는 실제 세계에 살고 있는 실존 인물들과 동일시하기도 한다. 헤리엣 비쳐 스토우(Harriett Beecher Stowe)의 「톰아저씨의 오두막」(Uncle Tom's Cabin)은 독자들로 하여금 그 이야기의 등장인물뿐만 아니라, 미국내의 전체 흑인들에 대해서도 공감하게 만들었다. 이와는 달리 마태복음은 유대인들에 대해서 반감을 갖게 만들기도 하며, 심지어는 그들에 대해서 적대감을 품게 만들었다. 서사비평가는 이 두 가지 경우에서 나타나는 현실세계와의 연결이 텍스트를 문학적으로 해석하려는 임무와는 직접적인 관계가 없는 것으로 간주한다. 그들은 실세계에서 이미 일어난 것으로 추정되는 사건들에 비추어서 문학작품을 해석하려고 하는 사실대조적인 오류를 피하려고 한다.

2. 연구의 실제 : 공관복음서의 종교지도자들

학자들은 종교지도자들이 마태복음, 마가복음, 누가복음에서 단일한 집단인격체로 등장하고 있으며, 그래서 그들은 그 각각의 이야기들에서 단일인물로 다루어지고 있다는 사실을 대체로 인정하고 있다. 이러한 집단인격체 속에는 바리새인, 사두개인, 대제사장, 장로, 서기관, 그리고 율법학자와 같은 소집단들이 들어 있다. 이 소집단들이 분명히 구별되어지지만 복음서 이야기는 그들을 하나로 묶어서, 예를 들면, '바리새인과 사두개인'이나 '대제사장과 서기관과 장로들'이라고 부른다.[14] 공관복음서에서 어떤 특정한 소집단을 이루는 종교지도자들에 대한 인물묘사는 간단명료하게 할 수 있지만, 전체 종교지도자들에 대한 인물묘사는 보다 폭넓게 할 수도 있을 것이다.[15]

들려줌과 보여줌 : 종교지도자들에 대한 인물묘사

공관복음서에서 들려줌의 방법은 거의 나타나지 않는다. 이 방법은 마태와 마가복음에서는 종교지도자들에 대해서 단 한 번만 사용되는데, 그들이 (예수와는 달리) 권위를 갖고 있지 않다는 구절에서 나타난다(마 7 : 29, 막 1 : 22). 누가복음에서는 마태복음과 마가복음에서보다 그 빈도가 약간 더 많은데, 이 두 복음서에서 발견되어지는 권위에 대한 기사는 담고 있지 않은 것이 분명하다. 그 대신 우리는 종교지도자들이 '돈을 좋아하는 자'(16 : 14)여서 '스스로 하나님의 뜻을 저버리는 자들'이며(7 : 30), 그들이 '자기를 의롭다

고 믿고 다른 사람을 멸시하는 자들'(18 : 9)이라고 기록하고 있음을 보게 된다.[16]

보여줌의 방법은 종교지도자들을 표현의 네 측면(시간적-공간적, 언어적, 심리학적, 이념적)에서 묘사하는 데 사용되어진다. 그들의 행동과 사상, 그리고 신념에 대한 복음서의 언급들은 그들이 누구이며, 그들이 무엇을 하려는지를 보여 주는 신뢰할 만한 척도의 역할을 한다. 그들이 무슨 말을 했는지에 대한 언급도 역시 중요하지만, 어느 정도는 좀더 자세한 설명이 필요하다. 다른 등장인물들의 대사에서 나타나는 종교지도자들에 대한 묘사도 전체적으로 신랄하다. 그러나 지도자들의 대사는 그들이 어떤 등장인물에 대해서 다른 사람에게 말하는 경우가 아니면 그들의 정확한 마음을 보여 주지 않는다. 종교지도자들이 그들의 대화의 주제가 되는 어떤 등장인물을 언급할 때, 그들의 외면적인 말을 통해서는 그들이 실제로 어떤 인물들인지는 거의 알 수가 없다. 마태복음의 몇 가지 예가 이것을 잘 설명해 준다.[17]

종교지도자들은 예수에게 직접 다음과 같이 말한다 :

"선생님이여 우리에게 표적 보여 주기를 원하나이다"(12 : 38).
"사람이 아무 연고를 무론하고 그 아내를 내어 버리는 것이 옳으니이까?"(19 : 3).
"선생님이여 우리가 아노니 당신은 참되시고 참으로써 하나님의 도를 가르치시며"(22 : 16).
"어떤 서기관들이 속으로 이르되 이 사람이 참람하도다"(9 : 3).
"저가 귀신의 왕을 빙자하여 귀신을 쫓아낸다 하더라"(9 : 34).
"저는 사형에 해당하니라"(26 : 66).

지도자들의 간접적인 화법만이 그들과 예수 사이의 반목을 정확하게 전달해 준다. 첫 번째 세 문장은 심화된 갈등의 문맥에서 나타난다. 하지만 이것은 그들의 직접적인 말에서는 노출되지 않는다. 마태는 다른 몇 가지 측면에서 종교지도자들의 상충되는 이미지를 보여줌으로써 지도자들 자신의 언어를 통해서 제시되는 그들의 이미지를 상쇄시킨다. 몇몇의 경우에 마태는 심리적인 측면에서 지도자들이 예수를 시험하려고 하고(19 : 3), 또 그를 말로 얽어매려고 한다는 사실(22 : 15)을 독자에게 알려 준다. 다른 경우를 보면, 가장 신뢰할 수 있는 예수의 대사 속에서 지도자들 자신의 말에서는 분명히 드러나지 않는 반목관계가 드러난다. 예수는 지도자들의 위선적인 말 속에 독이 들어 있음을 간파하시고 다소 거칠은 책망의 말씀으로 대답하시며, 그들의 진의를 파악하심으로써 그들을 고발한다(12 : 39-42, 22 : 18).

이러한 언어유형은 공관복음서의 각 책에서 보여지는 종교지도자들의 성격이다. 결과적으로 지도자들은 예수에 대해서 예의를 갖추는 것처럼 보이지만, 예수는 그들에게 전혀 공손하지 않다. 하지만 내재된 독자는 지도자들이 예의가 있다고는 결론짓지 않으며, 오히려 그들이 사악하고 위선적이라고 생각한다. 그들은 예수에게는 제자들을 비난하고, 제자들에게는 예수를 비난한다. 그러나 당사자의 목전에서는 당사자를 비난하는 법이 없다.[18] 따라서 예수는 종교지도자들이 다른 사람들에게 그에 대해서 생각하고 말하는 바를 지적하고 책망하는 입장에 서 있다. 이와는 반대로, 예수 자신의 말씀에서는 이러한 모습이 전혀 나타나지 않는다. 그가 종교지도자들에게 직접 말씀하시는 것과 다른 사람들에게 그들에 대해서 말씀하시는 것 사이에는 차이가 없다.

종교지도자들의 평가기준

공관복음서의 각 책에서 종교지도자들은 하나님의 평가기준과는 상반되는 관점을 지지하는 자들로 나타난다. 하지만 이것은 각기 다른 방식으로 표현되어진다.

마가복음에서 종교지도자들은 예수께서 한무리에게 말씀하신 것처럼, 그들은 성경도 모르고 하나님의 능력도 모르기 때문에 자주 실수를 한다(12:24). 성경에 대한 그들의 무지함은 성경을 인간의 관점에서 읽게 함으로써 그릇된 해석을 하게 만든다. 예를 들어, 그들은 부모를 공경하라는 명령을 무효화시키고(7:9-13), 이혼을 합법화하는 것(10:4-9)을 정당한 것으로 여긴다. 예수는 성경을 하나님의 관점에서 해석하시기 때문에 이러한 해석을 거부하고 종교지도자들이 단지 인간적인 전통에 심취해서 하나님의 명령을 버렸다고 그들을 책망하신다(7:8). 하나님의 뜻을 행하는 것이 무엇을 의미하느냐에 대한 두 가지 상반된 견해가 마가복음에서 나타난다. 예수는 사랑을 행하는 것이 하나님의 뜻이라고 말씀하신다(12:28-31). 그러나 종교지도자들은 계속해서 그것을 자신들의 율법적인 조항준수로 정의한다(2:24, 3:2, 7:1-5). 우습게도 그들은 자신들이 인용하는 성경이 실제로는 그들에게 심판의 예언을 한다는 사실을 알지 못한다(7:6-7).

종교지도자들이 성경을 이해하지 못한다면, 하나님의 능력도 이해하지 못하는 것이다. 그들은 예수의 놀라우신 사역들을 바알세불의 능력으로 보는 잘못을 범했으며, 심지어 예수가 귀신들렸다고 생각했다(3:22). 하나님은 예수를 아들이라고 부르시기를 기뻐하시지만 종교지도자들은 이러한 생각을 불경하다고 여긴다(14:61-64, cf. 2:7).

마가복음에서 종교지도자들이 성경에 대해서, 예수에 대해서, 그리고 많은 다른 것들에 대해서 언제나 그릇되었다고 말하는 것은 물론 아니다. 그들이 그러한 판단을 내리는 바로 그 근거가 잘못되었다는 것이다. 즉, 어떤 결단을 내리는 그들의 규범과 기준이 인간적인 권위에서 파생되었다는 데 문제가 있다. 그들은 사람들이 그들에 대해서 어떻게 생각할지 두려워한다(11:32, 12:12, cf. 10:28). 그리고 외식하는 것을 좋게 생각한다(12:38-40). 이렇듯 종교지도자들에 대한 일관되는 묘사에서 보여지는 단 한가지 예외는 그 이야기의 끝에 이르러서 나타나는 지혜로운 서기관인데, 그는 예수의 가르침에 공감을 하고, 서기관 집단의 관점보다 하나님의 관점이 우월하다는 사실을 알게 된다(12:28-34).

우리가 마가복음에서 관찰해 온 많은 것들은 마태복음이나 누가복음에서도 역시 마찬가지이다. 하지만 이 두 설화는 종교지도자들의 그릇된 입장을 고집하는 이유를 설명함으로써 마가복음을 능가한다.

마태복음에서 종교지도자들은 하나님으로부터 오는 계시를 받을 수 없기 때문에 인간의 관점을 갖게 된다. 서사이야기의 초반부에서 독자는 동방박사들이 헤롯을 무의식적으로라도 돕지 못하게 막으시는 신적인 계시를 받아들이는 반면, 종교지도자들은 이러한 도움을 받아들이지 않는다는 사실을 알게 된다(2:1-12). 그 다음에, 예수는 치유사역을 통해서 그들에게 자신의 권위의 참된 성격과 권위의 원천을 보여 주신다. 하지만 그 기적을 증거하는 무리들과는 달리, 종교지도자들은 어떤 새로운 통찰에도 전혀 반응을 보이지 않는다(9:6-8). 믿을 수 없으리만치 예수의 부활소식조차도 (요나의 표징, 12:40) 그들에게는 아무런 효과를 미치지 못했다(28:11-15). 이러한 인물묘사는 마태복음 전체에서 전개되어지는 주제, 즉 '이해'(understanding)는 하나님에 의해서 주어져야만 하는 것이라는 생각과 일치한다.[19] 종교지도자들은 이해가 그들에게 주어지지 않았기 때문에 이해하지 못한다(cf. 11:25-27). 그래서 그들의 그릇된 관점은 마가복음에서보다 여기에서 더 심화되고 더 굳어진다. 마태복음에는 진리와 직면할 때 그것이 진리임을 인식할

줄 아는 지혜로운 서기관이 등장하지 않는다. 오히려 마태가 종교지도자들에 대해서 사용하기 좋아하는 말은 소경이다. 그들은 그들 앞에 빛이 있을 때에도 진리를 볼 수 없는 자들이다(15 : 14, 23 : 16, 17, 19, 24, 26).

누가의 이야기에서 지도자들은 소경이 아니고 '바보'들이다(11 : 40). 그들은 지식의 열쇠를 가지고 있지만 그것을 사용하려고 하지 않는다(11 : 52). 마태복음에서는 종교지도자들이 세례를 받을 자격이 없다고 요한에게 거절당하지만(3 : 7), 누가복음에서는 종교지도자들이 요한의 세례를 받아들이지 않음으로써 그들을 위한 하나님의 계획을 거부하는 자들로 나타난다(7 : 30). 초청을 거절하는 주제는 누가복음 전체에 걸쳐서 나타나는데, 이것은 종교지도자들의 관점을 명백히 보여 준다. 지도자들은 자신들이 하나님의 다스림을 기념하기를 학수고대한다고 선언하지만(14 : 15), 사실은 그렇게 하라는 초대를 거절해 왔다(14 : 16-24). 탕자의 비유에 등장하는 형처럼 그들은 그 잔치가 자신들을 위한 것이 아니라는 사실로 인해서 잔치에 참여하려고 하지 않는다(15 ; 25-29). 종교지도자들이 하나님의 일을 그토록 어리석게 거부하기 때문에 그들은 자신들이 무엇을 하는지도 알지 못하는 사람들로 묘사된다(23 : 24). 하지만 이렇듯 참된 지식을 갖지 못했다고 해서 하나님께서 그들을 심판하시는 것은 아니다. 오히려 참된 지식을 결여하고 있다는 사실로 인해서 그들은 용서받을 수 있는 변명거리를 갖게 되는 것으로 이해되어진다.

종교지도자들의 성격

공관복음의 단권들이 종교지도자들에게 부여한 성격들은 앞으로 하게 될 그들의 평가관점의 분석결과와 일치한다. 지도자들은 평면형 인물들이지만, 그들에게 부여된 주된 성격들은 각 권마다 다르게 나타난다.

마가의 이야기에서 종교지도자들의 근본적인 특징은 그들이 권위가 없다는 것이다(1:22).[20] 이것은 독자가 그들에 대해서 알게 되는 첫 번째 사실이며[21] 매우 중요하게 여겨져서, 내재된 저자가 해설자로 하여금 독자에게 직접 말하게 하는 유일한 성격임을 알게 될 것이다. 물론 권위가 없다는 것은 신적인 권위가 없다는 것이다. 우리가 보아온 대로 마가복음에서 지도자들은 성경을 인간적으로만 이해했으며, 그래서 그들은 자주 실수를 하게 된다. 이러한 이해의 결여는 종교지도자들로 하여금 필연적으로 예수와 제자들을 비난하도록 하며, 예수와 제자들이 아무런 잘못을 하지 않았음에도 불구하고 그들을 부당하게 비난하게 만든다(2:15-27). 하지만 마가의 묘사에서 나타나는 아이러니는 이러한 종교지도자들이 바로 권위가 없는 것처럼 보여진다는 사실이다. 그래서 그들은 지도자이지만 태만해서 백성들을 목자없는 양처럼 버려 둔다(6;34). 하지만 그들은 사실 백성들을 두려워하며(11;18, 12:12, 14:1-2), 교묘하게 속임수를 쓰고(15:9-13), 위선적으로 행동함으로써(12:38-40) 그들의 자리를 유지할 수 있을 따름이다. 이와 비슷하게 예수를 대할 때에도 그들은 협잡꾼(15:1)이며, 사기꾼(14:1)으로 나타나는데, 이것은 그들이 참된 권위를 갖고 있다면 필요없는 성격들이다. 궁극적으로 지도자들이 예수를 반대하는 주된 이유는 그들이 갖지 못하는 권위를 예수가 소유하고 있기 때문이며(1:22), 그래서 그들이 예수를 시기하는 것이다(15:10).

마태의 이야기에서도 종교지도자들은 역시 권위가 없으며(7:28-29), 마가복음에서 그들에게 부여한 바로 그 모든 성격들이 여기서도 마찬가지로 그들에게 부여된다. 하지만 마태는 다른 성격을 부여하는데, 이것은 단순히 권위를 결여하고 있다는 것 이상가는 근본적인 것으로 그의 이야기에서 종교지도자들에게 부여되는 근본 성격이다. 킹스베리에 의해 지적된 그 성격은 악하다는 것이다.[22] 지도자들은 마가복음(과 누가복음)[23]에서는 악하다고 불리지 않는다. 그러나 마태복음에서는 여러 차례에 걸쳐 분명히 악하다고 이야기된다(9:4, 12:34, 39, 45, 16:4, 22:18). 뿐만 아니라, 마태의 이야기에서 신뢰할 만한 등장인물들, 즉 예수와 세례요한은 그들을 독사의 자식들(3:7, 12:34, 23:32)과 지옥의 자식들(23:15)이라는 별명으로 부르는데, 이것은 그들을 명확히 악한 인물로 묘사하는 것이다.

마태의 이야기 세계에서 악하다는 것은 무엇을 의미하는가? 궁극적으로 그것은 하나님께 대한 뿌리깊은 반대와 악한 자인 사탄(13:19, 38)과의 근본적인 연합을 의미한다. 마태복음에서만 나타나는 비유에 의하면, 그 세계(즉 마태의 이야기 세계)는 곡식과 가라지가 함께 커가는 밭에 비유할 수 있을 것이다(13:24-30). 가라지는 하나님에 의해서 심기워진 것이 아니라 사단, 즉 마귀에 의해서 심기워진 자들을 가리킨다. 그들은 아무런 쓸모가 없으며, 그들의 결국은 불에 의한 심판이다. 마태는 종교지도자들을 정확히 이러한 빛에서 묘사한다(15:13). 악한 인물들로서 그들은 사탄과 연합하고 저주 아래 놓여 있다.

누가의 이야기에서 등장하는 종교지도자들의 기본적인 성격의 특징은 악하다는 것이 아니고 스스로 의롭다고 하는 것이다. 물론 지도자들은 많은 결점을 갖고 있다. 그러나 이러한 점에서 그들은 예수가 관계를 맺으시는 다른 많은 등장인물들에 비해서 그렇게 다르지 않다. 종교지도자들의 문제는 그들이 특별히 불의하다는 것이 아니고 스스로 의롭게 여긴다는 것이다. 그들은 자신들이 회개해야 한다는 사실을 깨닫지 못한다. 누가의 이야기의 해설자는 그들을 의로운 척하는 사람들로 지칭하며(20:20), 그들 가운데 한 사람을 스스로 의롭게 만들려고 하는 사람으로 묘사한다(10 : 29). 예수 역시 종교지도자들을 사람들 앞에서 자신들을 의롭게 보이려는 인물들로 묘사하며(16 : 15), 그들 가운데 한 사람이 자신을 의롭다고 선언하는 내용의 비유를 들려 주신다(18 : 10-12). 다른 경우에서 예수는 그들로 하여금 자신들의 관점을 직시케 하기 위해서 비유적인 말씀을 하신다. 그들은 자신들을 의롭고(5 : 32), 건강하며(5 : 31), 용서받을 필요가 조금도 없으며(7 : 41), 회개할 이유가 없고(15 : 7), 일생 동안 하나님을 섬기고 그에게 복종하는(15 : 29) 사람들로 생각한다.

누가의 이야기에서 언급되는 종교지도자들의 성격의 핵심적인 특징인 자기 의(self-righteousness)는 그들이 보여 주는 다른 특징들을 설명해 준다. 종교지도자들은 스스로 의롭게 여기기 때문에 그들은 또한 사랑이 없는 자들임이 입증된다. 한번은 예수께서 바리새인 시몬에게 용서를 많이 경험한 사람만이 많은 사랑을 보여 줄 수 있다고 말씀하셨다(7 : 40-47). 누가의 이야기에서 종교지도자들은 하나님을 사랑하지 않으며(11 : 42, cf. 16 : 13-14), 이웃도 사랑하지 않는다(10 : 31-32). 그들은 계속해서 다른 사람들, 즉 예수께서 함께 어울리시는 세리들과 죄인들(5 : 31-32, 15 : 1-2)을 멸시하는데, 이것은 자신들이 바로 죄인이라는 사실을 알지 못하기 때문이다. 그들은 자신들이 의롭다고 스스로 믿으면서 다른 사람을 멸시하는 자들이다(18 : 9).

각 복음서 이야기에서 종교지도자들에게 부여된 핵심적인 성격의 특징은 그 이야기에 나타난 그들의 평가관점과 일치한다. 마가복음에서 종교지도자들은 모든 것을 인간적인 기준에 따라서 평가하며, 그 결과 역설적이게도 그들은 참된 권위를 갖지 못한 지도자로 묘사된다. 마태복음에서 종교지도자들은 악하기 때문에 그들은 하나님으로부터 오는 계시를 받아들일 수 없다. 누가복음에서 종교지도

자들은 스스로 의로운 척하는데, 이것을 통해서 우리는 그들이 초
청을 받아들이지 않은 이유를 알게 된다. 그들은 사람들 눈에 의롭
다고 인정받는 것에 만족해 하기 때문에, 그것이 걸림돌이 되어서
하나님의 관점을 받아들이지 못하며, 하나님께로부터 의롭다함을
받지 못한다(18 : 14).

종교지도자들에 대한 감정이입, 공감, 그리고 반감

내재된 독자는 3복음서에서 종교지도자들이 그릇된 관점을 지지
하고 있는 것으로 묘사되기 때문에, 3복음서 어느 곳에서도 그들과
감정이입을 하는 경우는 없다. 그렇다면 독자는 그들에게 공감하거
나 반감을 갖는가?

마가복음에서는 그들에 대한 예수의 감정이 그때그때마다 다르게
나타나기 때문에 상황이 매우 모호하다. 어떤 경우에는 그들에게
화를 내시고 그들의 '마음의 완악함'을 근심하신다(3 : 5). 그리고
어떤 경우에는 그들로 인해서 깊이 한숨을 지으시며 분노를 느끼신
다. 하지만 이러한 짤막한 부정적인 표현들이 독자들로 하여금 종
교지도자들에 대해 반감을 불러일으키도록 하는 데에는 충분치 않
은데, 그것은 예수가 그의 제자들에 대해서도 이와 동일한 감정을
어느 정도 표현하시면서도(예를 들면, 8 : 17-21), 여전히 그들에게
관심을 갖고 있기 때문이다. 종교지도자들에 대한 예수의 태도에서
보여지는 차이점은 그가 종교지도자들을 궁극적으로 심판받을 자들
로 규정했다는 것이다(12 : 9, 40, 14 : 62). 내재된 저자는 이러한
임박한 심판을 '주로 말미암아 된 일', 그리고 '기이'한 일로 여긴
다(12 : 10). 지도자들의 궁극적인 몰락에서 느끼는 이 기쁨은 그들
과 그들의 행위에 대해서 전혀 공감하지 않는다는 것을 말한다. 그
러나 이것은 마가 역시 그의 이야기에 몇몇 예외적인 인물들, 즉

하나님의 나라에 멀지 않은 현명한 서기관(12:34)과 하늘나라를 소망하는 공의회의 존경받는 회원(15:43)인 아리마대 요셉과 같은 인물들을 도입함으로써 완화시킨다. 이 인물들은 종교지도자들이 개인적으로는 그들 무리 전체에 미칠 것으로 예기된 심판을 피할 수 있다는 사실을 보여 준다. 그래서 마가의 이야기의 독자는 집단 인격체로서의 종교지도자들에 대해서는 어떤 반감을 느끼지만, 전체 무리들과 구별된 개별 인물들에 대해서는 공감을 느끼기도 한다.

마태의 이야기에서는 지도자들에 대해서 예외없이 반감을 나타내 보인다. 마태의 이야기에는 예외 인물이 없다. 즉, 현명한 서기관이나 예수를 돕는 회당장, 예수를 매장한 공의회의 의원이 등장하지 않는다. 지도자들에 대한 마태의 성격묘사는 일관적이다. 그들은 악하고 사단과 연합하며, 그들이 행하고 말하고 생각하고 믿는 것은 모두 그릇된 것들이다.[24] 그들에 대한 예수의 태도도 마찬가지이다. 예수는 자신이 내쫓은 귀신들에게 하는 식으로 그들을 대하신다. 그는 종교지도자들이 하나님으로부터 오는 계시를 받아들일 수 없다는 사실을 알기 때문에 그들에게 진리를 가르치려고 하지 않는다. 그들은 소경을 인도하는 소경이며, 그래서 혼자 내버려 두는 것이 상책이다(15:14). 예수는 그들에게 회개를 촉구하지도 않는다. 오히려 그들이 하나님 나라에 들어오기에는 애시당초 틀렸다고 여기신다(5:20). 그들은 사실 하나님께서 심지 않으셨으며, 그래서 뿌리채 뽑힐 운명이다(15:13, cf. 13:24-30, 36-43). 하나님의 나라는 그들에게서 취해져서 다른 사람들에게 주어질 것이다(21:43). 내재된 독자가 이상적으로 감정이입을 하는 예수는 개인적으로든 집단적으로든 어떤 종교지도자들에게도 일체 관심을 보이지 않고 공감도 하지 않는다. 따라서 내재된 독자도 종교지도자에게는 전혀 공감하지 않는다. 오히려 내재된 독자는 하나님께서 이 악한 인물들을 궁극적으로 꺾으실 것임을 알고 기뻐하며, 예수 자신이 그들의 심판자이시며(26:64), 그들 모두가 한사람도 빠짐 없이 비참하게 죽을 것이고(21:41), 지옥의 형벌에 처해질 것임을 알고 기뻐한다(23:33).

누가의 이야기는 다르다. 여기에 등장하는 종교지도자들은 악하지는 않지만 여전히 스스로를 의롭게 여긴다. 그리고 소경은 아니지만 바보들이다. 이러한 차이점이 중요하다. 마태복음의 이야기 세계 속에서 악하다는 것과 소경이라는 것은 종교지도자들의 성격 묘사에 본질적이며 변화될 수 없는 성격을 가리킨다. 하지만 누가복음에서는, 예수는 만약 그들이 생각을 바꾼다면, 그들이 어떤 유익을 얻게 될 것인지를 그들에게 알려 준다. "이를 행하라. 그러면 살리라."(10:28), "모든 것이 너희에게 깨끗하리라."(11:41), "의인들의 부활시에 네가 갚음을 받겠음이니라"(14:14). 이러한 말들은 마태복음에서는 전혀 찾아볼 수 없다. 마태복음에는 그들에 대해서는 언제나 심판이 선언되며, 그들이 결국 저주를 받게 될 것이라는 사실이 명확히 선포된다. 누가복음에서 초청은 공개적이다. 탕자의 이야기에 등장하는 형처럼 지도자들은 그들의 어리석음을 버리고 하나님의 길을 받아들일 수 있는 가능성이 있다. 하지만 누가복음에서 어떤 종교지도자도 이러한 변화를 하지 않았다는 점이 중요하다.[25]

그래서 종교지도자들에 관한 한, 누가의 이야기는 비극이며[26] 완성되지 않는 희망과 실현되지 않은 가능성의 이야기이다. 더욱이 예수와의 갈등은 상당히 일방적이다. 그들은 예수의 초청을 거부하지만 예수는 그들을 거부하지 않는다. 예수는 그들과 함께 식사하고(7:36, 11:37, 14:1), 그들도 가르침(10:25-37, 11:37-41, 14:12-14, 15:1-32, 17:20-21)의 대상으로 삼으신다. 예수께서 종교지도자들에게 그들의 곤경의 비참한 결말을 경고할 때도

(11:50-51, 20:15-19), 그는 그들에게 주시는 구원을 받아들이지 않는 것을 보시고 우셨으며(19:41-44), 그 모든 것들을 용서받게 해 달라고 그들을 위해서 간구하신다(23:34). 한마디로, 예수는 그들에게 적대감을 갖는 대신 공감하시며, 그래서 내재된 독자 역시 그러한 공감을 갖고 그들을 대하게 된다.

종교지도자들의 성격묘사에 대한 결론

공관복음에 대한 전통적인 해석들은 종교지도자들에 대한 공관복음서 기자들의 묘사를 역사적인 정확성의 측면에서 평가해 왔다. 그래서 이러한 묘사들이 믿을 수 있으며, 1세기 유대인들과 기독교 공동체라는 두 극단적인 파벌들에 의해서 내용이 첨삭되었다는 주장들이 제기되어 왔다. 하지만 서사비평은 다른 방법을 제시한다. 각 복음서 이야기들에 등장하는 지도자들의 인물묘사는 역사적인 확인과 대조의 측면에서 평가하지 않고, 그것이 그 작품의 전체적인 문학적인 효과에 어떤 기여를 하는지에 따라서 평가한다.

마가복음에서 지도자들은 하나님의 일 대신 사람의 일을 생각하는 것이 무엇을 의미하는지를 극적으로 보여 주기 위한 전형적인 모델의 역할을 한다. 이것은 권위의 문제에 있어서 특히 그러한데, 권위의 문제는 마가복음에서 종교지도자들이 예수와 갈등을 일으키는 핵심적인 문제이다.[27] 지도자들은 인간적인 권위가 무엇인지를 보여 주는 예증으로, 그것은 강압적이고 뻔뻔스러우며 자기 중심적이다. 이것과는 정반대로 예수는 하나님을 기쁘시게 하는 권위가 어떠한지를 명확히 보여 주신다. 참된 권위는 겸손한 섬김에서 드러나며, 고통을 받아들이고, 다른 사람을 위해서 희생하는 것이다 (10:45). 스스로를 종으로 여기는 사람들은 참으로 위대하지만 (10:43), 그릇된 인간적인 기준들에 의해서 지도자로 여겨지는 사람들이 실제로는 권위가 없다는 것은 참으로 놀라운 역설이다(1 : 22). 문학적인 관점에서 볼 때 여기서 문제가 되는 것은 기독교가 유대교보다 우월하다는 것이 아니고, (예수에게서 명백히 드러난) 하나님의 권위가(종교지도자들에 의해서 예증된) 그릇된 인간적인 권위보다 우월하다는 것이다. 예수는 그들과 마찬가지로 이방의 통치자들을 그릇된 권위의 예로 언급하시기도 하신다(10 : 33, 42).

  동일한 원칙이 마태복음에도 적용된다. 수년 동안 마태복음이 그 이야기의 등장인물인 종교지도자들에 대해 많은 독자들로 하여금 반감을 갖게 했을 뿐만 아니라, 유대인들과 그 지도자들 전체에 대해서도 적대감을 갖도록 해왔다는 것은 불행하지만 명백한 사실이다. 그러나 서사비평의 관점에서 보면, 이러한 독서는 사실대조적인 오류의 조잡한 예를 보여 주며, 그 이야기의 핵심을 완전히 놓친 것이다. 마태의 이야기에서 종교지도자들은 그 이야기 밖의 세계에 있는 어떤 실존인물들과 일치하지 않으며, 그 이야기내에서 특정한 역할을 하도록 하기 위해서 내재된 저자가 구상해 낸 인물이다. 그들이 실제저자가 알고 있는 어떤 실존인물을 모델로 삼았는지와는 관계없이, 이야기의 등장인물로서 그들의 현재기능은 사실대조적이지 않고 문학적이다. 그들은 하나님이 그리스도를 통해서 극복하실 수 있는 악한 세력들을 상징한다. 마태의 묘사가 갖는 문학적인 효과는, 악이 극도에 달한다고 해도 그리스도 안에서 하나님이 악을 물리치셨다는 사실을 독자에게 인상지워 주는 것이다. 만약 마태가 지도자들을 부드럽게 묘사하고 그들을 실제 모습보다 덜 악한 인물로 제시하면, 이것이 만들어 내는 문학적인 효과는 약화될 것이다. 그리고 마태의 이야기 세계 속에서 종교지도자들은 악하기 때문에, 마태는 독자가 그들에게 어떤 공감을 느끼기를 원하지 않는다. 그렇게 하는 것은 악 자체에 공감하도록 격려하는 것이기 때문이다. 물론 현대의 독자는 이러한 기법을 사용하는 것에 반대한다. 그러나 그것이 문학적인 기법임이 일단 인식되어지면, 그 이야기는 이해하기가 훨씬 쉬워진다.

우리가 보아 온 대로, 누가의 이야기에서는 내재된 독자가 마태의 이야기에서 형성되어진 강한 반감을 느끼는 대신 종교지도자들에게 실제로 공감하게 된다. 서사비평가에 의하면, 이것은 누가가 마태보다 덜 반셈적(anti-Semitic)이라는 증거로서 이해되거나 실제저자에 대한 추측을 포함하는 관점에서 설명되어서는 안 된다. 오히려 누가는 이와는 다른 관점을 갖기 때문에 그의 이야기를 나름의 방식대로 전개한다. 누가의 이야기에서 종교지도자들은 주인공인 예수에 대한 비극적인 반응을 명백히 보여줌으로써, 이야기의 전반적인 효과를 만들어 내는 데 기여하는데, 예수는 그럼에도 불구하고 그들에 대한 희망을 포기하지 않는다. 누가복음 전체에 걸쳐서 나타나는 예수의 사역에서 분명히 드러나는 하나님의 의도는 적들을 패배시키는 것이 아니고, 그들을 교화시키는 것이다. 갈등에 대한 누가의 기록은 그리스도의 사역이 악을 무찌르는 것이 아니고, 은혜, 평화, 화해라는 하나님의 선물을 가져다 주는 것으로 묘사된다. 누가가 때로 지도자들을 악하게 보았다고 해도 그것은 그들을 패배시키는 그리스도의 승리의 위대함을 부각시키기 위한 것이 아니고, 그들을 용서하시는 그의 자비의 위대함을 드러내기 위해서이다. 따라서 내재된 독자는 누가의 이야기에 대해서 마태의 이야기만큼이나 모든 면에서 심오한 인상을 갖게 되는데, 그렇다고 해도 그것은 서로 다르다. 이 이야기에서 지속되는 이미지는 예수의 원수들이 예수께서 가져다 주시는 평화를 받아들이지 않는 것을 보시고 우시며(19:41-44), 마침내 예수를 십자가에 못박는 순간에도 여전히 그들을 용서해 달라고 기도하시는 예수의 모습이다.

제 6 장

배 경

배경은 등장인물이 행동하기에 적합한 상황을 설정해 주는 이야기의 한 요소이다. 연극 관람객들은 드라마에서 배경이 얼마나 중요한지를 모두 잘 알고 있다. 어떤 연극에서는 의도적으로 무대장식을 간단하게 하고, 어떤 연극에서는 정교한 장면들로 배경을 채우기도 한다. 이러한 차이는 있지만 장식을 전혀 하지 않은 무대도 배경으로 간주되기 때문에, 배경이 없는 연극은 있을 수가 없다. 마찬가지로 문학작품에서 배경은 사건과 등장인물만큼이나 이야기에 필수적인 요소이다.[1]

이야기의 이러한 기본적인 요소들은 영어문장의 문법적인 구성요소들에 비교할 수 있을 것이다. 물론 정확하게 일치하는 것은 아니지만, 사건을 통해서 이야기의 행동이 표현되기 때문에 사건은 동사와 대응된다. 인물의 특징묘사는 행동하는 등장인물을 묘사하기 때문에 형용사에 비유할 수 있을 것이다. 그러면 배경은 무엇에 비유할 수 있을까? 배경은 문학작품의 부사이다. 배경은 행동이 언제, 어디서, 어떻게 일어나는지를 말해 준다.

　채트맨은 배경과 등장인물(그는 이 둘을 현재상황 구성요소〔existents〕라고 명명한다.)은 독립적이지 않고, 연속적인 것이라고 말한다.[2] 예를 들면, 복음서 이야기들에서 무리들은 이야기에 직접 등장해서 말하기도 하고 행동하기도 한다. 그러나 다른 때는 그저 배경 속에 머물러 있기도 한다. 그들은 등장인물들이 행동하는 상황의 일부분으로서 거기에 남아 있다. 이런 경우 우리는 이 무리들을 등장인물로 보아야 하는가? 아니면 배경으로 보아야 하는가? 채트맨은 이러한 구별을 하는 데 있어서 한 가지 사실을 고려하지 못한 것으로 보인다. 등장인물과는 달리, 배경은 어떤 특정한 관점을 갖는 것으로 생각되지 않는다. 채트맨에게서 보여지는 몇 가지 혼동은 등장인물의 성격묘사에서도 나타난다. 배경은 어떤 묘사가능한 성격을 갖고 있어서 그 특징에 따라 '성격묘사되어'지는데, 예를 들면, 모비 딕에서 바다는 성격이 적대적인 것으로 묘사된다. 이렇듯 성격묘사가 배경에 사용되어지면 배경은 등장인물로 볼 수 있을 것이다. 하지만 성격묘사는 등장인물 묘사과정의 일부분일 따름이다. 모비 딕(Moby Dich)에서는 바다가 등장인물들에 대해서 적대적인 태도를 갖고 있다는 사실을 실제행동으로 드러내 보이는 경우는 나타나지 않는다. (예를 들어, 요정의 이야기에서처럼) 만약 그렇다면, 경계선(등장인물과 배경을 구분짓는)을 넘어서, 배경 그 자체가 등장인물이 되는 것이다. 이와 마찬가지로 복음서 이야기의 무리들은 그들이 어떤 특정한 관점을 지지하는 것으로 나타날 때에는 반드시 등장인물로 여겨져야 한다.

　배경은 또 다음과 같은 점에서 등장인물과 유사하다. 배경은 이야기내에서만 그 기능을 발휘하는 데 그치지 않고, 이야기 밖에서도 독자적으로 존재할 수 있는 능력을 갖고 있다. 독자들은(카멜롯,

에덴동산, 그리고 오즈의 땅과 같은) 배경들이 우리의 기억에 생생한 등장인물들처럼 그들 나름대로의 독자성을 지니고 있다는 사실을 절실히 깨닫게 될 것이다. 배경 속에서 일어나는 수많은 사건들 가운데서 이야기에서는 보고되지 않는 사건들도 있음을 독자는 쉽게 상상할 수 있을 것이다. 물론 모든 배경은 모든 등장인물들처럼 내재된 저자가 만들어 낸 것이다. 그래서 서사비평은 배경이 이야기 자체 속에서 행하는 역할에 일차적인 관심을 둔다.

1. 배경에 대한 서사적 이해

배경은 다양한 기능을 수행한다. 배경은 상징적이다. 또 배경은 등장인물의 모습을 보여 주고, 갈등을 해소시키며, 이야기의 틀을 마련해 주는 일을 한다.[3] 채트맨은 배경의 주된 기능이 '이야기의 분위기를 형성하는 데 기여하는 것'이라고 말한다.[4] 배경이 등장인물과 사건과 어우러질 때에야 그 적합성을 평가할 수 있을 것이다. 어떤 배경은 이야기의 플롯에 부적합하고, 어떤 배경은 의미와 중요성을 탁월하게 담고 있다는 식이다.

아브람스는 배경을 장소, 시간, 그리고 사회적 상황으로 정의한다.[5] 따라서 우리는 세 가지 유형의 배경들, 즉 공간적, 시간적, 그리고 사회적인 배경을 고려해야만 한다.

공간적 배경

장소와 공간적인 배경은 문학이론에서 가장 광범위하게 논의되어 온 것이다. 그것들은 이야기의 등장인물이 생활하는 물리적인 환경, 즉 의상, 운송수단 등과 아울러 그 환경을 구성하는 기둥이나 가구 등을 가리킨다.

미크 발(Mieke Bal)은 실내와 실외의 대조가 이야기의 공간적인 배경에 적합한 하나의 역동적인 것이라고 말한다.[6] 실내 배경은 때로 보호와 안전함을 의미한다. 그러나 그것들은 또한 감금의 의미도 갖고 있다. 이와 마찬가지로 실외 배경은 어떤 이야기에서는 위험을 의미하고 다른 이야기에서는 자유를 의미하기도 한다. 이렇듯 다른 의미를 가짐으로써 파라독스를 가능케 하고, 많은 이야기들은 안전과 감금, 그리고 위험과 자유를 대조시키는 언급들로 채워져 있다. 이와 동일한 대조의 유형은 시골과 도시, 고독과 사교, 그리고 육지와 바다의 대조에서 찾아볼 수 있다.

발(Bal)은 구조주의 이론에 입각해서 경계선이 대조된 장소들을 이어 주는 특별한 역할을 한다는 사실을 강조한다. 예를 들어, 문은 안과 밖을 이어 주는 역할을 한다. 소설「로빈슨 크루소」에서 섬은 육지와 바다를 자연스럽게 이어 준다. 섬은 겉으로 보기에는 감금의 장소이지만 주인공에게는 자유의 장소가 된다. 경계선의 중요성은 마가복음에서도 찾아볼 수 있는데, 예수께서 갈릴리 해변에서 사람들을 가르치시는 모습을 여러 번 발견하게 된다. 단 한 번이지만 마가는 예수께서 배에서 가르치시는 모습을 묘사한다(4:1). 그래서 예수 자신은 바다에 있고, 군중들은 육지에 있는 것으로 이야기된다. 이러한 이미지들은 공간적인 대조를 이어 주는 가능성으로 가득 차 있다. 이러한 공간적인 배경에 대한 언급은 이야기의 다른 장면들에서도 이와 동일한 방식으로 이어짐이 계속 일어난다는 사실을 보여 준다.

몇몇 문학작품에서는 장소묘사 그 자체가 목적이 되기도 한다. 이야기는 때로 이야기 자체에서는 요구되지 않는 주변환경을 자세하게 묘사하는 데 상당히 많은 어휘를 사용한다. 그래서 내재된 저자는 문학작품을 풍경화에 버금가게 만들어 내려고 하는데, 그러한 묘사를 통해서 강력한 힘을 갖는 이미지를 창출해 내게 한다.[7] 복음서 이야기에서는 장소묘사가 극도로 제한되어 사용되고 있다. 공간적인 배경은 예루살렘, 산, 성전 등으로 간략하게 언급되고 있어서, 독자는 플롯에 직접적으로 관련이 있는 이러한 장소들에 대해서 아무런 정보도 받지 못한다.

감각적인 자료도 빈약하기는 마찬가지이다. 배경의 공간적인 면들에 대한 정보는 대개 우리의 감각들에 관련된 용어로 전달되어진다.[8] 복음서가 현대소설과 같다면, '갈릴리 해변에 굽이치는 파도'와 '유대 광야에서는 알이 굵고 마른 모래가 발에 밟혔다'는 구절을 접할 수 있을 것이다. 하지만 복음서 이야기에서는 이러한 화려한 수사는 전혀 발견되어지지 않는다. 질감, 음성, 냄새, 그리고 맛에 대한 것들은 대개는 우리의 상상에 맡겨져 있다.

로버트 펑크는 이러한 간결한 묘사가 그 시대의 문학작품에서도 특이한 것임을 지적했다.[9] 요세푸스의 책들은 복음서와 거의 같은 시대에 기록되었는데, 만연체의 문장들로 이루어져 있다. 예를 들어, 유대전쟁에는 예루살렘 성전을 묘사하면서, 그 기초, 규모, 그리고 장식 등을 자세하게 언급하고 있다(5 : 148ff). 복음서에서는 이야기 도중에 만약 예수가 탁자를 둘러 엎으시지 않았다면, 우리는 성전에 탁자가 있었는지도 몰랐을 것이다.

간단히 말해서, 복음서의 공간적인 배경묘사는 극적이고 유용한 효과를 주는 데에 국한되어 있다. 장면은 그것이 등장인물의 구체화된 행동에 영향을 미치는 한에서만 중요하다. 이것은 한편으로는, 독자들이 이야기 세계를 나름대로 경험하는 것에 전혀 제약을 받지 않으며, 다른 독자들은 그 이야기를 또 다른 방식으로 경험할 수 있다는 사실을 의미한다. 다른 한편으로는, 오늘날의 실제독자는 저절로 알 수 없지만, 내재된 독자는 그것을 알고 있는 것으로 이야기가 가정하고 있음을 의미한다. 예수가 세상을 떠날 때, 성전 휘장이 찢어진 장면(15 : 38)을 예수가 세례를 받을 때 하늘이 나뉘는 것(1:10)을 회상케 하는 방식으로 보고하면서, 내재된 저자는 요세푸스가 직접적으로 말한 것, 즉 그 성전 휘장이 사실은 하늘이 그려져 있는 수직천이었다는 사실을 독자가 알고 있다고 가정할 것이다.[10] 마지막으로, 이 이야기들에서 공간적인 배경에 대한 구체적인 묘사가 결여되어 있다는 사실은 부자의 진홍옷(눅 16:19), 베데스다 연못의 다섯 기둥(요 5:2), 강력한 돌풍의 소리(행 2:2)와 같이 배경이 자세히 묘사될 때, 이러한 정보에 특별한 주의를 기울일 것을 요구한다. 독자는 이러한 묘사들이 어떤 의미를 갖고 있을 것으로 기대한다.

시간적 배경

시간적 배경에 대한 언급들에는 최소한 두 가지 유형이 있다. 하나는 연대기적인(chronological) 것이고, 다른 하나는 유형론적인(typological) 것이다. 연대기적인 유형은 정지된 것(locative)과 지속적인 것(durative)으로 더 세분되어진다. 정지된 시간유형은 어떤 행동이 일어난 특정한 시각을 밝히는 것이다. 이러한 시각은 길 수도 있고(1년이나 1세기) 짧을 수도 있다(하루나 한 시간). 누가복음은 구레뇨가 시리아의 총독일 때 가이사 아우구스도가 선포한 유명한 칙령을 언급하고 있다(2:1-2). 이와 비슷하게 마가복음의 수난이야기에서는 예수가 십자가에 못박힌 시각이 3시였다고 기록하고 있다(15:25).

연대기적인 시간유형의 또 다른 요소인 지속적인 유형은 기간을 의미한다. 요한복음에서 예수의 반대자들은 예루살렘 성전이 46년 넘게 건축되고 있다고 예수에게 말한다(2:20). 여기서 시간적인 언급은 성전이 건축되어지는 시계적인 시점을 의미하지 않고, 그 건축이 진행되는 시간의 총량을 알려 준다. 이와 비슷하게 마가복음에서 예수가 고쳐 주신 여인은 12년 동안 혈루병을 앓았다고 기록되어 있다(5 : 25).

마지막으로 유형론적인 시간배경은 어떤 행동이 일어나는 시간의 상징적인 의미를 말한다. 요한복음의 해설자가 니고데모가 예수를 밤에 찾아왔다고 말할 때(3 : 2), 그는 그 만남이 실제로 밤에 이루어졌다는 것을 말하기보다는 그 당시의 시대적인 상황이 밤과 같았음을 우리에게 알려 주려고 한다. 이러한 언급들은 대개 대조기법을 사용한다. 그들은 어떤 시간유형(밤이 아닌 낮)을 다른 시간유형(낮이 아닌 밤)과 대조시킴으로써 이를 구체화시킨다. 마가복음 13 : 18에서 예수는 그의 제자들에게 닥쳐올 대환란이(여름과 대조되는) 겨울에 일어나지 않도록 기도하라고 말한다. 그리고 복음서가 안식일에 예수가 하신 어떤 사건에 대한 시간적인 배경을 구체적으로 언급할 때, 그 사건이 발생할 때가 어떤 유형의 시간이었는지를 분명히 밝히는 경우에는, 단지 그 사건이 발생한 시각만을 말하지는 않는다.[11]

복음서의 시간적인 배경에 대한 언급들은 전형적으로 공간적인 환경들에 대한 묘사처럼 간결하다.[12] 다시 말하면 구체적으로 묘사되는 경우가 흔하지 않기 때문에, 만약 구체적인 언급이 발견되어지면 그것은 상당히 중요하게 여겨져야 한다. 이러한 언급들은 풍부한 의미들을 함축하고 있다. 니고데모를 예로 들면, 밤시간은 비밀을 요하는 것을 의미하는 동시에 그것은 밝혀져야 할 필요가 있음을 의미하는 것이다(요 3 : 2, 19-21). 겨울철은 여름철보다는 견디기 어려운 때로 여겨지며, 그래서 묵시적인 환란에 대한 적합한 비유로 사용되어진다. 안식일은 휴식과 예배를 의미하지만, 이 이야기들에서는 인간의 요구를 들어 주기 위해서 하나님이 마련하신 시간이라는 보다 깊은 의미를 담고 있다.

시간적인 배경에 대한 이러한 명백한 의미들은 다른 것들에 대해서도 보다 자세하게 살펴보게 만든다. 마가가 5 : 25의 여인이 12년 동안 혈루병을 앓았다는 사실을 우리들에게 들려 주는 이유는 무엇인가? 12라는 숫자는 이스라엘의 12지파를 생각케 하는 상징적인 숫자인가? 그 이야기 후반부에 제자들이 거둔 12광주리의 음식과는 어떤 관계가 있는가?(6 : 43, 8 : 19) 아니면 예수께서 12살 된 소녀를 치유하러 가시는 중에 12년 동안 혈루병을 앓은 여자를 만나셨다고 기록하기 때문에 그것은 아이러니인가?[13] 서사비평가는 모든 시간적인 언급들과 배경들이 그 이야기 속에서는 문자적인 기능을 넘어서는 의미를 갖고 있다고 생각하지 않는다. 그러나 이러한 언급들이 복음서에서 아주 예외적으로 나타나기 때문에 그것들이 아무런 의미없이 사용되었다고는 생각하지 않는다.

이야기의 시간적인 배경을 좀더 넓고 보다 통합적인 측면에서 볼 수도 있을 것이다. 파울 리꾀르(Paul Ricoeur)는 일상적인 시간(mortal time)과 기념적인 시간(monumental time)으로 나눈다.[14] 우리가 지금까지 다루어 온 것들은 모두 일상적인 시간에 속한다. 이것은 사람들이 현실세계에서 하는 것과 동일하게 이야기의 등장인물들이 그들의 삶을 살아가는 시간을 말한다. 일상적인 시간은 달력과 손목시계, 괘종시계, 태양시계에 의해서 측정되어진다. 이와는 반대로 기념적인 시간은 역사를 포함하면서도 그것을 초월하는 폭넓은 시간의 행보를 의미한다. 그것은 현실세계의 사람들이나 이야기에 등장하는 인물들에 의해서 측정될 수 없다. 그럼에도 불구하고 사람들은 그것이 무엇이라고 생각하는 어떤 감을 갖고 있다. 몇몇 문화권에서는 시간을 선적인 것으로 생각하고, 다른 문화권에서는 원적이고 순환적이며 구심적인 것으로 생각한다. 이야기는 그들이 특정한 세계관을 형성하는 것과 같이 기념적인 시간관을 구체화한다. 이야기('옛날에'로 시작하는)에서는 시간관이 상당히 비역사적이다. 하지만 복음서에서는 그렇지 않다. 가이사 아우구스도의 칙령에 대한 누가의 언급은 마태, 마가, 요한보다 더 자세하지만, 이 이야기들은 모두 그 드라마가 보여 주는 무대로써 특정한 역사관을 제시한다.

복음서에서 발견되어지는 서사적인 시간묘사는 구원사의 신학적인 범주에서 연구되어지기도 했다. 시간적인 배경에 대한 문학적인 탐구는 특별히 기념적인 시간과 관련되어서, 둘 다 이야기에 의해서 설정된 시간관을 명확히 하는 데 관심을 기울이기 때문에, 어떻든 이 전통적인 연구들과 중복된다.

사회적인 배경

여기서 다루게 될 세 번째 배경은 아브람스가 사회적인 상황이라고 부르는 것과 관계가 있다. 이것은 한 작품에서 영향을 미치는 것으로 보이는 정치제도, 계층구조, 경제체제, 사회관습, 그리고 일반적인 문화적 상황을 포함한다.

사회적인 배경을 밝혀 내는 작업은 특별히 고대문학 작품연구에서 중요하다. 그것은 고대문학이 설정하는 상황 가운데 상당수가 오늘날의 실제독자들에게 금방 이해되지 않기 때문이다. 그럼에도 불구하고 몇몇 학자들은 사회적 배경이 역사적인 분석의 영역에 속하는 것으로 생각해서, 문학적인 복음서 연구에서 이러한 배경을 다루는 것을 기피한다. 하지만 로드스가 지적한 대로, 복음서의 이야기 세계를 이해하기 위한 수단으로 주후 1세기의 역사와 문화에 대한 지식을 사용하는 것은 역사적인 사건들을 재구성하기 위해서 이야기 요소들을 사용하는 것과는 다른 문제이다.[15] 어떤 학자들은 문학적인 분석에 이러한 정보들이 필요하다고 생각하고, 그들의 방법론에 하이픈을 넣어서 용어를 만들었는데, 사회-문학적(socio-literary), 또한 사회-서사론적(socio-narratological) 방법이라고 부른다. 제대로만 이해된다면 사회적 배경을 살피는 일은 서사비평의 본래적인 것이기 때문에, 이러한 접두어는 사실 불필요하다.

일반문학 비평에서는 이러한 당혹감이 없다. 학자들은 문학이 텍스트가 보여 주는 문화적인 현상을 이해하지 않고서는 그 의미를 파악할 수 없다는 사실을 잘 알고 있다. 「톰 아저씨의 오두막」의 배경이 19세기 중엽의 뉴오를레앙에 위치한 농장임을 밝히는 것만으로는 불충분하다. 이 책의 배경이 되는 또 다른 필수적인 측면은 그 당시에 행해지던 사회적인 노예제도이다. 그 제도에 대한 상당한 지식이 없다면, 그 이야기는 최소한 내재된 독자에게 기대되어지는 방식으로는 이해될 수 없다.

이와 마찬가지로, 누가복음 7:36~50의 사회적 배경은 식사이다. 그러나 이 식사의 상황은 현대 독자들이 즐기는 식사장면과는 다르다. 예수는 그 집주인이 그의 발을 씻기지 않고 입맞춤도 하지 않고 그의 머리에 기름을 바르지 않았다고 책망하신다. 독자는 이러한 환대의 결여가 바로 사랑의 결여를 의미한다는 사실을 이해할 것으로 기대되어진다. 식사를 하는 중에 한 여인이 방으로 들어와서(누워서 식사를 하시던) 예수의 발 앞에 엎드려 울면서 그녀의 머리칼로 예수의 발을 닦는다. 현대 독자는 1세기의 사회관습들에 대한 지식이 없다면, 본문에서 이 행위가 야기시키는 상황의 급변을 이해할 수 없을 것이다. 물론 그 여인은 창녀였다. 그러나 이러한 지식조차도 독자가 창녀를 현대적인 개념으로만 이해한다면 그릇될 수밖에 없다.

2. 연구의 실제 : 마가복음의 배경

배경에 대한 문학적인 연구가 실제로 어떻게 적용되는지를 실증해 보이기 위해서 우리는 이제 한 특정한 이야기, 즉 마가복음의 배경에 관심을 기울이게 될 것이다.

마가복음의 공간적 배경

로드스(Rhoads)와 미치(Michie)는 그들의 연구서인 '이야기로서의 마가복음'에서 중심되는 마가의 배경들이 작품 속에서 갖는 중요한 기능(significance)을 간략하게 다루고 있다.[16] 이 배경의 상징적인 기능은 대개 휠라이트가 전래적인 생동성(ancestral vitality ; 3장을 보라)이라고 명명한 것에서 비롯된다. 특별히 장소배경은 이스라엘의 과거에 일어난 사건들과의 연합을 통해서 의미를 갖게 된다. 요한이 세례를 베풀었던 요단강은 그 이전에 이스라엘이 '약속의 땅'으로 들어가기 위한 시발점의 역할을 했다. 황무지와 광야는 히브리 성서에서 이스라엘에게 (40년 동안) 그랬던 것처럼 예수에게는 (40일 동안) 시험받은 장소이다. 바다는 혼돈과 파괴를 의미하는 위협적인 곳인데, 이스라엘의 창조의 이야기에 나오는 혼돈의 물이나 파괴적인 위력을 지닌 대홍수를 연상시키는 급작한 풍랑을 일으킨다. 이와 마찬가지로, 바다에 대한 예수의 신적인 권위는 창조와 출애굽 사건에서 하나님에 의해서 물이 나누인 것을 연상시킨다. 산은 피난처와 보호, 그리고 계시의 장소인데, 모세와 엘리야에 대한 이야기들에서도 이러한 역할을 한다. 모세와 엘리야는 9 : 4에서 산에서 예수와 함께 나타났다.

엘리자베드 스트루터즈 말본(Elizabeth Struthers Malbon)은 마가복음에서 다음 세 가지 유형의 공간적인 배경들, 즉 지역, 도시, 마을과 같은 지정학적인 배경, 땅의 외형적인 특징과 같은 지형학적인 배경, 집과 회당과 같은 건축학적인 배경을 찾아내었다.[17] 이 세 가지 분류는 실외 배경과 실내 배경으로 대비시키는 발(Bal)의 주장과 대체적으로 일치한다. 하지만 말본은 실외 배경을 지정학적인 범주와 지형학적인 범주로 다시 나눈다.

　지정학적인 배경에 대해서는 유대 본토에 속한 지역과 이방에 속한 지역으로 구분할 수 있을 것이다. 더욱이 유대 본토는 실제로 갈릴리와 유대로 이루어져 있는데, 그 지역은 마가의 이야기에서 상당히 다르게 다루어진다.[18] 예수 자신이 갈릴리 출신이며, 그가 제자들을 부르시고 그의 사역의 대부분을 행하신 곳이 바로 갈릴리이다. 유대(특히 예루살렘)는 그의 적대자들의 지역이며(3:22, 7:1) 예수가 수난을 당한 곳이다. 예수의 제자들은 수난 후에 갈릴리로 돌아가도록 명령을 받았으며, 예수 자신이 그렇게 하셨다(14:28, 16:7).

　말본이 여기서 세밀히 살핀 심층적인 주제는 '친숙한' 것과 '낯설은' 것 사이의 대조이다. 유대 본토는 낯설은 이방의 땅보다 더 친숙하다. 그러나 동일한 지역이지만 갈릴리는 유대에 비해서 더 친숙하다. 마가의 이야기 후반부에서 이러한 대조는 더 심화되어지는데, 유대의 어떤 지역들(예를 들어, 베다니, 감람산, 겟세마네)이 예루살렘보다 더 친숙하다. 이러한 배경들이 갖고 있는 의미에 주의를 기울이면, 독자들이 마가의 이야기를 이해하는 데 도움이 될 것이다. 예를 들어, 갈릴리 바다는 본토와 이방지역 사이의 '경계' 역할을 한다. 이 경계선을 넘어가려는 사람들은 종종 저항에 부딪히게 된다(4:37, 5:48). 이와 마찬가지로, 예수가 그의 제자들에게 다가올 환란에 대해서 말씀하실 때, 그는 '감람산에서 성전을 마주 대하여' 앉은 것으로 묘사된다(13:3).

　지형학적인 배경은 기본적으로 하늘과 땅으로 구분된다. 땅과 관련된 배경은 다시 육지와 바다로 나누이고, 육지에 관한 배경은 그것들이 고립된 지역들(예를 들면, 광야)인가 아니면 거주지역(예를 들면, 도시, 마을, 시장)인가에 따라서 더 세분되어진다.

　이러한 지형학적인 대조에 놓인 구조적인 주제는 약속과 위협의 대조이다. 하늘은 마가의 이야기에서 약속을 상징한다. 하나님의 영과 음성은 하늘에서 나온다(1:10, 11, 9:7). 그리고 등장인물들은 하늘로부터 내려오는 하나님의 능력을 경험하기를 바란다(6:41, 7:34). 이와는 달리, 등장인물들은 그들이 질병과 염려에 사로잡혀 있을 때는 땅에 쓰러지는 것으로 묘사된다. 하늘의 보화의 약속은 땅의 보물을 지키는 위험과 대조된다(10:21). 다른 지형학적인 특징들도 이와 비슷한 의미를 갖고 있다. 육지의 정상적이고 안전한 환경은 위협적인 바다의 위험과 대조되고, 고립된 지역들은 예수께서 거주지역의 압박과 위험에서 피정하시는 피난처의 기능을 한다(1:53, 6:31).

해안선과 배가 육지와 바다의 대조를 중재할 수 있는 것처럼 산은 하늘과 땅 사이를 중재할 수 있다. 산들은 산을 제외한 땅보다는 하늘에 더 근접해 있으며, 그래서 기도(6:46)와 계시(9:2)의 이상적인 장소이다. 분명히 유대의 거주민들은 대환란이 일어나면 다른 곳이 아닌 산으로 피난했다(13:14). 하지만 이와는 달리, 마가의 이야기는 하늘과 땅 사이의 대조를 중재되어지는 것으로 보지 않고 예수의 말씀, 즉 "천지는 없어지겠으나 내 말은 없어지지 아니하리라."(13:31)는 말씀의 능력에 의해서 궁극적으로 소멸될 것으로 본다.

말본은 마가의 이야기에서 건축학적인 배경을 살피면서, 논리적으로 성스러운 장소와 세속적인 장소 사이에 주제적인 대조가 있음을 발견했다. 건물은 명백히 세속적인 무덤보다 더 성스러운 것으로 이야기된다. 하지만 건물들은 종교적인 건물들과 거주건물로 세분되어진다. 성전과 회당은 논리적으로는 궁전이나 일반 가옥보다는 더 성스러운 것으로 여겨진다. 하지만 말본에 의하면, 이러한 건축학적인 배경에 대한 마가의 언급은 의외의 양상을 띠고 있다. 성전은 '도둑들의 굴혈'(11:17)로 저주를 받고 있으며, 일반가옥들은 가르침과 치유의 중요한 장소가 된다. 하나님의 위대한 사역들은 모두 성전이나 다른 건물들이 아닌 무덤에서 일어난다(16 : 1-8). 그래서 마가의 이야기는 세속적인 축에 가장 근접한 그러한 건축학적인 공간들에 더 긍정적인 가치를 부여한다. 하지만 무덤이나 그 어느 것도 예수를 가두어 두지 못했기 때문에 그 어느 장소도 참으로 성스러운 것을 포용할 수 없다는 사실이 지적되어진다. 빈 무덤, 폐허가 된 성전, 그리고 가옥을 가르침과 치유의 장소로써 새롭게 구성해 내는 것은 모두 말본이 밝혀 내었듯이, 마가의 이야기에서 거룩한 것과 세속적인 것의 전통적인 대조가 깨뜨려지고 있음을 여실히 입증해 준다.

로드스와 미치, 그리고 다른 학자들은 마가의 이야기에서 '길'로 묘사된 운동의 양상에도 주의를 기울여 왔다. 여행은 종종 문학에서 중요한 역할을 하는데 호머의 '오딧세이'에서 단테의 '신곡'을 거쳐 톨킨(R. R. Tolkien)의 '반지의 대왕'(The Lord of the Rings)에 이르기까지 그렇다. 마가복음에서는 예수의 여행경로보다는 그가 여행하고 있다는 단순한 사실이 더 중요하다. 이러한 의미에서 여행 자체가 배경이 된다.

마가는 '길'이라는 말을 모두 16번 사용한다. 이야기 초두에서 요한은 예수의 길을 예비한다(1 : 2, 3). 예수는 갈릴리 전지역과 갈릴리 너머의 지역을 여행하실 뿐만 아니라, 그의 제자들을 여행보내기도 하신다(6 : 8). 그리고 예수는 예루살렘을 향해서 여행을 시작하시는데(10 : 32), 그가 도착할 때 그는 거기서 '하나님의 길을 가르치시는 분'이라는 위선적인 아첨을 듣는다(20 : 21). 로드스와 미치는 마가복음에서 '길'이 실제로는 하나님의 길에 대한 비유라고 생각한다.[19] 여행 중에 있다는 것은 외적인 경치를 단순히 거쳐 가는 것 이상의 의미를 갖고 있으며, 하나님께서 세우신 목표를 향해서 움직여 나아가는 의미를 갖고 있다. 우리는 '길'이라는 말이 실제로 초기 기독교운동에서 그들을 지칭하는 것으로 사용되었다는 사실을 다른 자료들을 통해서 알 수 있다(cf. 행 9 : 2). 하지만 마가의 이야기에서 '길'은 예수의 제자들이 예수가 제시하는 것을 이해하고 받아들이기 위해서 앞으로 나아가는 움직임을 의미한다. 예수는 여행 중에 있는 그의 제자들이 '지향하는' 목표로 묘사된다. 그리고 제자들은 상당한 흥미를 가지고 따르는 것으로 묘사된다(10 : 32). 다른 경우를 보면, 예수는 제자들에게 그들이 오는 길에 무엇을 논의했는지 물으시는데, 그들은 아이러니컬하게도 길을 걸어오는 동안 누가 높으며 누가 특권을 갖는가 하는 것이 그들의 관심사였다는 사실이 너무도 부끄러워서 결국 고백하지 못한다(4 : 33-34).

마가복음의 시간배경

마가복음 전체 이야기가 "때가 찼다."(1 : 14)는 말로 시작하기 때문에 이 이야기에서 시간이 중요한 의미를 갖고 있다는 것은 명백한 사실임에 분명하다.[20] 이러한 언급은 리꾀르가 기념적인 시간이라고 부르는 것과 일치한다. 하지만 마가의 독자는 일상적인 시간배경에도 주의를 기울일 필요가 있다. 이 이야기에서는 사건들이 아침에 일어났는지, 아니면 안식일에, 또는 유월절 기간 동안에 일어났는지를 특별히 명시하고 있다.

마가의 기념적인 시간개념에 대해서 우선 이야기하겠다. 단 비아(Dan Via)는 마가의 이야기가 전개되는 과정에 처음(10 : 6, 13 : 9)과 마지막(13 : 7, 13)에 대한 시간적인 언급이 있음을 지적한다.[21] 시간에 시작과 끝이 모두 있다고 생각하면 중간시간도 있어야만 한다. 마가는 중간시간에 대해서는 명백히 언급하지 않고 있다. 그러나 비아는 중간시간이 마가의 이야기에서 설정되어진 전체적인 시간배경이라고 생각한다.

비아가 설명한 대로, 마가의 시간관념은 유대의 묵시문학의 일반적인 주제, 즉 종말은 새로운 시작을 포함한다는 사상을 담고 있다. 사실 종말은 어떤 의미에서는 시작에 상응한다. 이것은 신학적으로 하나님이 처음이며 나중이라는 말, 즉 시작할 때부터 종국을 선포하시는 분(cf. 사 40:10, 48:12)이시며, 창조주이시고, 또 새로운 창조주이시라는 사실에 근거한다. 문학비평가 제라드 주네뜨(Gerard Genette)는 이것을 신학적인 용어가 아닌 다른 용어로 설명하는데, 처음의 경험이 갖는 새로움, 활력, 생명력, 그리고 그 경험의 강도는 다시는 반복될 수 없기 때문에 시간은 언제나 처음이면서 동시에 마지막이다.[22] 이와 동일하게 마지막 시간의 역할은 처음 시간을 다시 있게 해주는 것이며, 중간에서 상실한 처음의 것들을 회복시키는 역할을 한다. 이러한 회복은(중간에서 발생하는 것을 정확하게 재현한다는 의미에서) 사건들을 단순히 반복하는 것으로 그치지 않고, 힘과 생명력을 회복하는 데 목적을 둔다.

마가이야기의 시간적인 배경은 중간시간이다. 하지만 이야기의 초두에서 예수는 "때가 찼다!"고 선언하신다. 이 종말론적인 선포는 종말의 예기되는 실현을 의미하는데, 마가에서는 시작의 실현이기도 하다. 그래서 예수가 이혼에 대한 질문을 받을 때 그는 처음부터 결혼은 분리될 수 없는 것이라는 확언으로 답하신다(10:6). 그는 모세가 이혼을 허락한 것은 마음의 완악함 때문이며(10:5), 그것은 중간시간에서의 현실이다(cf. 3:5, 6:52, 8:17). 그러나 예수는 사람들의 마음이 완악해지기 전, 즉 태초에 그랬던 것처럼 지금도 그렇게 살기를 원하신다. 마가복음 여기저기에서 예수는 사람들에게 하나님의 종국적인 통치가 현실적으로 실현되었다는 믿음을 갖고 살라고 하신다. 이러한 명백한 역설은 마가의 기념적인 시간개념을 이해하면 해소된다. 종국의 돌입은 시작의 회복을 가져온다. 이러한 돌입을 경험하는 중간시간에 살고 있는 사람들에게 종국과 시작은 모두 최상의 의미를 갖게 된다.

이제 일상적인 시간에 주의를 기울이면 마가의 배경이 독특하다는 사실을 알게 될 것이다. 마가이야기에서 연대기적인 시간은 주, 월, 년의 단위보다 일일 단위로 계산되고 있다. 마가는 이보다 긴 시간소요를 보여 주는 절기나 공휴일에 대해서는 전혀 언급을 하지 않는다(단 한 번 유월절을 언급할 뿐이다). 이와는 달리, 사건이 하루 단위로 기록되어서 저녁이 되고 아침이 되었다는 식의 구절을 많이 대하게 된다. 사실 이 이야기에서 이보다 큰 시간 단위를 요하는 사건은 전혀 발생하지 않는다. 예수는 40일 동안 광야에 계신다 (1 : 13). 그는 며칠이 지나서 가버나움에 돌아오신다(2 : 1). 무리들이 그와 함께 3일 동안 머물렀다(8 : 2). 그는 자신이 죽은 지 3일 후에 다시 살아날 것이라고 가르치신다(8 : 31). 그는 엿새 후에 산에서 변화하신다(9 : 2). 유월절은 이틀 후에 오는 것으로 보고된다 (14 : 1). 그는 성전을 삼 일만에 다시 지을 수 있다고 말씀하신 것으로 인해서 고발을 당한다(14 : 58, 15 : 29).[23] 시간을 일일 단위로 계산하는 마가의 언급은 미래에 대한 관용적인 언급에도 영향을 미친다. 미래를 묘사하는 데 가장 많이 사용된 표현은 '그날에'라는 것이다(1 : 9, 2 : 20, 8 : 1, 13 : 17, 13 : 19, 13 : 24, cf. 2 : 20, 13 : 20, 14 : 25).

일일 단위로 시간을 언급하는 것은 '곧'이라는 말을(40회 이상) 사용함으로써, 그리고 "때가 찼다"(1 : 14)는 선언으로 시작함으로써 강화되어지는 마가의 이야기에 긴박감을 준다.[24] 여기에 덧붙여, 이 긴박감은 수난이야기에서 갑자기 시간표기를 일일 단위에서 시간 단위로 전환시킴으로써 더욱 고조되어진다. 예수는 '이 때가 자기에게서 지나가기를' 위해서 기도하시며(14 : 35), 제자들이 '한 시도' 깨어있지 못했다고 책망하신다(14 : 37). 그리고 마지막으로

"때가 왔도다."라고 말씀하신다(14 : 41). 십자가 처형 이야기는 제3시(15 : 25), 제6시(15 : 33), 그리고 제9시(15 : 34)에 대한 언급으로 진행되어진다. 미래에 대한 관용적인 언급들에 대해서 방금 이야기한 것의 유일한 예외는 그의 제자들에게 닥쳐올 수난에 대한 예수의 예언에서 찾아볼 수 있다. 그는 '그 날에'라는 일반적인 표현으로 이 경우를 말하지 않고, 색다른 표현인 '그 시간에'(13 : 11)를 사용한다. 하지만 미래에 대한 가장 중요한 사실은 모든 때(날과 시간)가 하나님의 주권에 속해 있다는 것이다. "그 날과 그 때는 아무도 모르나니, 하늘에 있는 천사들도, 아들도 모르고 아버지만 아시느니라"(13 : 32).

마가복음의 연대기적인 시간배경이 유독 일일 단위와 시간 단위에 국한되어 있기 때문에, 가장 중요한 유형론적인 시간배경이 한 날의 어느 때, 즉 저녁, 밤, 아침이라는 사실은 그리 놀라운 일이 아니다. 그것은 하루는 아침이 아닌 저녁에 시작하는 것으로 생각하는 것이 유대인의 관습이었기 때문에, 이러한 순서로 생각해야만 한다.

대부분 저녁은 문을 내리고 하루 일과를 마치고 휴식을 취하는 때라고 생각할 것이다. 하지만 마가의 이야기에서는 그렇지 않다. 저녁은 본격적인 활동의 시간이며, 심지어 새로운 모험을 시작하는 때이기도 하다. 가버나움 전체가 예수께서 병자를 고치시고 귀신을 내어쫓으시는 문 앞에 모여든 것도 바로 저녁이다(1 : 32-34). 두 번째, 예수의 제자들은 그 사역에서 중요한 새로운 단계를 시작하는 것을 뜻하는 여행을 저녁에 시작한다(4 : 36, 6 : 47). 저녁은 때로 준비의 때로 묘사된다. 예수는 그 다음날 기관에서 벌어질 그에 대한 공격을 대비하기 위해서, 어느 날 저녁에 성전을 찾아가셨다(11 : 11). 유월절 저녁에 예수는 그의 임박한 죽음(14 : 22-24)과 하나님의 임박한 통치(14 : 25)를 상기시키는 식사를 제자들과 함께 하셨다. 그리고 무엇보다도 중요한 사실은 예수께서 예비일 저녁에 무덤에 장사되었다는 것이다(15 : 42). 마가의 수난이야기는 16 : 1~8에 기록된 부활이야기를 지향해 가기 때문에, 예수의 장례로 종결되지 않고 부활이야기로 이어진다. 즉, 마가의 이야기에서 저녁의 의미는 종국이 아니고 시작의 의미를 갖는다.

마가의 이야기에서 밤은 고통과 소란, 그리고 위험의 시간이다. 그것은 결코 휴식의 때가 아니다(cf. 13 : 35-37). 밤 사경 쯤에 예수께서는 제자들이 바다의 풍랑으로 인해서 고통스럽게 노를 저으면서 앞으로 나아가려고 할 때 그들에게 나타나셨다(6 : 48). 그리고 역시 밤중에 예수는 체포되시고 제자들은 그를 버리고 도망했다. 마가는 예수가 베드로에게 하신 말씀의 시간적인 배경에 주의를 기울이도록 요청한다. "오늘 이밤 닭이 두 번 울기 전에 네가 세 번 나를 부인하리라." 14 : 27("너희가 다 나를 버리리라.")은 본문의 상태가 불분명하지만, 역시 그 의미는 마찬가지이다.

저녁처럼 아침도 마가에서는 시작과 준비의 시간이다. 예수에게 아침은 기도의 시간이다(1 : 35). 그리고 종교지도자들에게는 재빠르게 행동하는 시간이다. 한밤중의 재판이 끝난 다음에 그들은 아침이 되자마자(15 : 1) 예수를 빌라도에게 데리고 갔다. 때로 아침은 새로운 통찰력을 가져다 준다. 아침에 제자들은 예수께서 그 전날 저주하신 무화과나무가 이제 마른 사실을 발견하게 된다(11 : 20). '아침 미명에' 여인들은 빈무덤을 발견한다(16 : 2-8). 이러한 예에서 알 수 있듯이, 아침은 본질적으로 예비적인 새로운 시작을 유발시키지만, 전날 저녁에 일어난 예비적인 사건들을 해석해 주는 측면을 갖고 있다(11 : 11, 15 : 42).

우리는 마가가 저녁과 밤중을 다루는 것과 아침과 그의 기념적인 시간에 대한 전반적인 개념을 다루는 것이 상관관계가 있음을 발견할 수 있다. 마가의 이야기에서 밤의 유형론적인 성격은 중간시간에 대한 마가의 이해와 유사하다. 그것은 마음의 완악함과 반역으로 점철된 시간대이며, 앞으로 나아가기 어려운 환란의 때이지만, 파수해야 하는 중요한 시간이기도 하다. 하지만 이 시간대의 양측면에 시작과 새로운 시작으로 표기되는 시간들, 즉 목적과 목표에서 서로 연결되어지는 것처럼 보이는 시간들이 있다. 마가가 종국의 때를 중간에 침투해 들어오는 것으로 본 것처럼, 아침은 밤 속으로 침투해 들어온다. 1:35에서 마가는 예수가 밤중에 일어나서 아침까지 기도하셨다고 말하는데, 이것은 가장 짧은 시간을 말하는 역설적인 표현이다. 일상적인 시간의 관점에서 보면, 밤과 아침의 이러한 중첩(오버랩)은 완전한 종국이 오기 전에라도 종국이 이루어진다고 말할 수 있는, 기념적인 시간의 측면에서 어디에서나 선포되어진 이러한 동일한 생각을 비유적으로 표현한다(1:14). 우리가 기억하기에, 부활사건은 태양이 아직 떠오르기 이전인 매우 이른 시간에 사람들에게 알려졌다(16:2). 그래서 우리는 이 가장 위대한 새로운 시작이 아직 밤인 어떤 시각에 실제로 일어났었을 것이라고 생각한다.[25]

시간적인 배경에 관한 마가의 주도적인 관심은 모든 시간이 하나님께 속해 있음을 강조하는 것이다. 우리는 연대기적인 시간(일일 단위와 시간 단위)이 아버지께 알려져 있으며, 그 가장 중요한 의미도 아버지께만 알려져 있다는 사실(13:32)을 앞에서 살펴보았다. 이와 동일한 방식으로 하나님의 법칙은 종종 확인되지 않는 낮과 밤에 시행되어진다(4:26-27). 중간시간에 살고 있는 사람들을 향한 명령은 언제나, 즉 '저녁에', '밤중에', '새벽에', '아침에' 깨어있으라는 것이다(13:35). 모든 시간은 하나님께 속해 있으며, 하나님의 새로운 시작은 언제든 갑자기 올 것이다.

마가복음의 사회적 배경

여기서는 공간배경이 너무나 좁기 때문에, 마가의 이야기를 이루고 있는 사회적인 상황들을 이해하는 데 필요한 모든 역사적, 사회학적, 그리고 문화적 자료들을 마련하기란 어려운 일이다.[26] 하지만 몇 가지 사실을 간단하게 살펴보는 것도 의미가 있을 것이다.

마가의 이야기의 정치적인 배경은 피정복지역이다. 정치적인 권위는 헤롯(6:14-29)과 빌라도(15:1-15)와 같이 유대인들이 멸시하는 이방 통치자들의 손에 주어져 있다. 이러한 통치 하에서는 살아가기가 어렵다는 사실이 마가의 이야기에 여러 차례 분명히 기록되어 있으며(예를 들면, 10:42, 12:13-17, 13:9), 이것은 드러나게 정치적인 성격을 띠지 않은 구절에서도 역시 의미가 있다. 예를 들어, 우리는 내재된 독자가 한 사람을 사로잡은 일단의 귀신들에게 사용된 '군대'라는 이름에 어떤 뉘앙스를 부여했는지를 생각하게 된다(5:9). 마가의 이야기에서 설정된 정치적인 측면에서 볼 때, '군대'라는 용어는 점령하고 있던 로마군대의 군사조직 단위이다.[27]

마가의 이야기에서 특별히 의미가 있는 이러한 정치적인 긴장의 한 측면은 그들에 의해서 양성된 저항운동이 있었다는 것이다. 이것들은 승리주의자들이 제롯운동, 메시야운동, 그리고 천년왕국운동을 일으킨 것을 말한다.[28] 마가의 이야기는 거짓 예언자들과 거짓 메시야들이 창궐하던 시대상을 보여 준다(13:22). 예수는 최소한 초기에는 자신이 메시야로 불리우는 것을 제지하셨다(8:30). 그가 기름부음받은 자를 의미하는 메시야 칭호를 공개적으로 용납하신 것은 장례를 위한 기름부음을 받은 직후이다. 그 이후에도 그 칭호는 인간적인 정치적 열망보다는 하나님의 아들됨과 신적인 권위의 측면에서 사용된 사실을 알아야만 한다(14:61-62).

마가이야기의 사회적 배경은 어떤 사람들이 다른 사람들보다 더 중요하게 여겨지던 계급사회이다. 마가이야기에서 세리, 창녀, 문둥병자, 그리고 걸인들이 모두 최저층의 사람들이었다면, 이방 지도자들과 유대 종교지도자들은 신분 피라미드에서 최상층에 속한 것으로 보인다. 마가의 이야기 세계는 여자들과 심지어 어린이들에게도 가치를 두지 않는 엄격한 가부장적인 세계였다. 마가의 내재된 독자는 이러한 인식을 당연한 것으로 여겼으리라 생각되는데, 그래서 예수께서 이러한 이념을 무시하거나 심지어 배척할 때 그러한 예수의 행동과 태도로 인해서 충격을 받았을 것이다. 예를 들어, 신분이 높은 유대인이 예수에게 그의 딸을 고쳐 달라고 했을 때(5:23), 독자는 예수께서 당연히 응락하(시고 그렇게 하)실 것이라고 생각한다. 그러나 이방여인이 예수께 와서 동일한 요청을 했을 때, 그는 결코 동일한 대답을 하지 않는다(7:26). 대부분의 현대 성경을 읽는 독자들은 곤경에 처한 여인을 처음에는 도와 주려고 하지 않은 예수의 모습을 기록한 마가복음 7:24~30을 난해한 구절로 생각할 것이다. 하지만 마가복음의 내재된 독자에게는 예수의 주저함이 난해한 것이 아니고, 결국에는 도움을 주었다는 사실이 난해하다. 마가의 서사이야기는 그 독자들이 생각할 것이라고 그 이야기가 가정하는 바로 그 방식으로 생각하는 독자들에게 주는 이러한 놀라움들로 가득 차 있다.

마가복음 배경연구의 결론

이 논의는 마가의 이야기 속에서 등장인물들이 행동하고, 사건이 일어나는 장소, 시간, 그리고 상황을 불완전하게나마 살펴보려는 데 목적을 두었다. 이 부분에서 언급된 많은 것들은 본서의 앞부분에서 밝힌 것보다는 전통적인 역사적-비평적 연구와 흡사하다. 이것은 복음서의 지리적, 시간적, 그리고 사회적 배경이 언제나 역사비평의 관심사가 되어 왔기 때문이다.

그렇다면 문학연구는 역사비평 방법과 어떻게 다른가? 우리는 여기서 이 배경들이 서사이야기를 역사가 아닌 이야기로 이해하도록 하는 데 기여한다는 사실을 밝히고자 노력했다. 예를 들면, 우리는 이러한 배경들이 이야기 속에서 받는 비유적이고 함축적인 가치에 관심을 기울여 왔다. 여기서 논의된 이야기의 배경들은 복음서의 실제저자의 역사적인 배경을 이해하는 실마리 역할을 한다. 예를 들면, 많은 학자들은 마가가 갈릴리를 긍정적으로 평가하는 것은 그 자신의 공동체가 거기에 위치해 있다는 사실을 가정할 때 가장 잘 설명되어진다고 믿는다. 하지만 이러한 가정들은 서사비평의 일차적인 관심사를 뛰어넘는 것이다.

제 7 장

성경으로서의 이야기

　사람들이 '마가이야기'(Mark as Story)나 '누가의 수난기사에 대한 문학적 이해'(Luke's Passion Account as Literature)[1]와 같은 제목이 붙은 책을 대하면, 일반대학이나 공립고등학교에서 개설하는 성경문학 강좌를 연상하게 될 것이다. 하지만 이 둘 사이에는 분명한 차이가 있다. 일반 교육기관이 개설하는 성경강좌에서는 일반적으로 성서를 성경(Scripture)이 아닌 문학작품으로 연구하는 데 강조점을 둔다. 즉, 신학적인 해석이 아닌 순수문학적이고 미학적인 평가에 초점을 맞춘다. 하지만 이에서 언급한 유형의 책들은 성서를 성경(the Bible as Scripture)으로, 그리고 동시에 문학작품으로 이해하려고 한다. 그 책들은 성서를 이야기 형태를 갖춘 성경으로 읽으려는 의도를 갖고 있다.
　이러한 연구방식을 도입하는 데 있어서 해석학적인 측면을 배제할 수는 없다. 이 방식을 사용할 때 교회생활을 위한 보다 폭넓은 성경해석 작업에 어떤 영향을 미칠 것인가 하는 문제가 제기된다. 사람들은 유익한 점과 아울러 위험한 요소들도 있을 것이라고 생각해 왔다. 7장에서는 이 방식이 어떤 유익한 점과 위험한 점을 갖고 있는지를 실제적인 예를 자주 인용하면서 구체적으로 살펴보게 될 것이다. 이 방법을 다른 방법들과 비교해서 평가할 때 지나치게 추켜세우거나 아니면 지나치게 깎아 내리는 경향이 있다. 우리의 목표는 서사비평이 할 수 있는 것은 무엇이며, 할 수 없는 것은 또 무엇인가를 단순하게 밝혀 내는 것으로 다른 연구방법들에 비해서 서사비평을 옹호하려고만 하거나 또 비방하려고만 하지는 않을 것이다.

1. 서사비평의 장점

1. 서사비평은 성서본문 자체에 초점을 맞춘다.

많은 사람들에게 이 방법이 크게 관심을 끄는 이유는 그것이 본문 중심적이며, 다른 것에 근거하기보다는 성경을 그 자체적으로 이해하려고 한다는 사실 때문이다. 이러한 사실로 인해서, 사람들은 신학생들이 이제는 성경 외적인 연구에는 시간을 조금만 소비하고, 성경 자체를 연구하는 데 더 많은 시간을 바쳤으면 좋겠다고 그 동안 하소연해 온 바램을 서사비평이 이루어 주었다고 말한다. 하지만 서사비평을 효율적으로 사용하려면, 서사이야기가 반영하는 사회적이고 역사적인 상황들에 대한 지식도 갖추어야 한다. 서사비평은 성경 외적인 것들을 배워야 하는 필요성으로부터 벗어나기 위해서 나온 대안이 아니다. 하지만 서사비평의 과정이 텍스트의 세계에 깊이 몰입하는 것을 의미한다는 것은 사실이다. 이런 의미에서, 텍스트는 그 자체의 해석의 틀을 제시하는 역할을 한다. 각 구절들은 작품 형성 이전의 자료층이나 구성의 단계들을 밝혀 내지 않아도 전체 이야기에 비추어서 읽혀질 수 있다. 이 방법을 따르는 비평가는 자신의 시간을 대부분 텍스트를 읽고 다시 읽는 데 바친다. 그러면서 그 서사적인 문맥 자체에 비추어서 본문이 무엇을 의미하는지를 생각하는 것이다.

2. 서사비평은 역사적인 배경이 불확실한 성경본문을 깊이 이해할 수 있게 해준다.

지난 세기에는 신약성경 단권들의 저자, 저작연대, 장소, 자료 등을 밝혀 내는 데 엄청난 연구가 진행되었다. 그럼에도 불구하고 그 연구들이 어떤 합의에 도달한 적은 거의 없었다. 서사비평의 장점은 그것이 학자들로 하여금 이 끈질기고 아마도 끝내 해결할 수 없는 문제들에 매달리게 하지 않고, 책들이 갖는 의미와 효과에 대해서 더 많이 알도록 해주는 것이다. 예를 들어, 많은 논란이 일었던 공관복음의 문제를 생각해 보자. 마태와 누가는 마가를 자료로 사용했는가? 아니면 마가는 마지막으로 저작되었으며 마태와 누가를 축약한 것인가? 대다수의 편집비평학자들은 이 문제에 대한 어떤 특별한 해결책(가설)을 세우고, 그런 다음 거기에 따라서 자료를 해석해 나가야만 한다는 사실을 발견했다. 그러나 서사비평의 장점은 가설이 아닌 주어진 것(서사이야기)으로 시작한다는 것이다. 서사비평의 지지라고 할 수 있는 윌리엄 파머(William Farmer)는 성경학자들이 현재 직면하고 있는 자료 이론들의 막다른 골목을 우회할 수 있는 길을 문학비평이 마련해 준다는 사실에 동의했다. 그는 이 방법이 자료의 역사적 기원에 대한 보다 나은 연구결과가 나올 때까지의 '중간 상태에서' 유용하다고 말한다.[2]

3. 서사비평은 전통적인 방법들을 검증하고 균형잡아 주는 역할을 한다.

문학적인 독서 결과가 어떤 특정한 역사적 해석과 근본적으로 일치한다면, 그것이 역사적 해석의 정확성을 보증해 주는 것으로 보인다. 이와는 달리, 텍스트의 문학적인 의미가 전통적인 해석과 근본적으로 다르다고 생각될 때는, 이 두 분야의 학자들은 그들이 증거들에 대해서 내린 평가를 재고해야만 할 것이다. 예를 들어, 역사비평가들은 마가가 제자들을 부정적으로 묘사하는 까닭은 경쟁관계에 있는 기독교 공동체들이 그들의 조상들이라고 주장하는 사람들에 대해서 마가가 논박하기 때문이라고 주장해 왔다.[3] 그 성격상 서사비평은 작품의 실제저자의 역사적인 의도들을 밝히려고 하지는 않는다. 그러나 몇몇 서사비평가들은 마가의 묘사가 독자로 하여금 제자들에 대한 적대감이나 증오심이 아닌 동정을 갖도록 하는 효과를 일으킨다고 믿는다. 따라서 역사비평가들이 마가가 예수의 원래 제자들에 대해서 논박하려고 한다는 사실을 계속해서 주장하려고 한다면, 그들은 마가가 일을 서투르게 하고, 어쩌다가 원래 의도와는 상반되는 효과를 일으키는 이야기를 만들어 냈다고 생각해야만 한다. 이러한 자가당착이 불가능한 것은 아니지만, 지금에 와서 많은 학자들이 마가의 제자 묘사에 대한 이러한 논쟁적인 설명이 그 이전과는 달리 별로 설득력이 없는 것으로 간주한다. 그래서 마가의 의도에 대한 대안적인 정의를 찾으려는 노력이 시작되었다.[4]

4. 서사비평은 학자들과 비전문적인 성경 독자들을 긴밀하게 묶어 주는 경향이 있다.

사람들은 역사비평 방법이 성경을 일반 독자들의 손에서 빼앗아서 학자들의 전횡적인 보호 아래 두었다고 말한다.[5] 이러한 불평은 역사비평가들을 향한 것인데, 그들은 성경의 기원과 전수과정, 그리고 그 내용의 편집적인 개정작업에 대한 전문적인 지식이 없이는 성경을 제대로 이해할 수 없다는 전제하에 연구를 한다. 그러나 서사비평은 내재된 독자가 본문의 전수의 역사에 대해서 무엇을 안다거나, 본문의 구절들이 전체 이야기 속으로 들어오기 이전에 갖고 있던 삶의 정황을 재구성해 낼 수 있다고는 생각하지 않으며, 독자들의 시각에서 본문을 해석하려고 한다는 점에서 높은 평가를 받는다.

  서사비평가들이 제시하는 학문적인 해석이 때로 훈련받지 않은 독자들이 생각하는 텍스트의 의미와 일치한다는 것은 사실이다. 이러한 통찰이 갖는 확증을 경시해서는 안 된다. 많은 사람들은 그것을 학자의 겸손함으로써 환영하는데, 이것은 남이 알지 못하는 말로 표현하려는 유혹을 자발적으로 거부하는 것으로써, 한스 프라이가 '성서의 평이한 의미'라고 부르는 것을 높이 평가하려는 경향의 회복으로 여긴다.[6] 그러나 서사비평의 이 알려진 장점이 과장되어질 수 있으며, 이러한 점에서 서사비평을 역사비평보다 우위에 두려는 것은 공정한 일이 아니다. 복음서의 내재된 독자의 관점이 오늘날의 현대적인 독자들의 관점과 언제나 일치되기를 기대하는 것은 고지식한 일이다. 예를 들어, 마태의 내재된 독자는 사회적인 노예제도에 대해서 아무런 거부감도 갖지 않는다(8:9, 10:24-25). 따라서 서사비평의 목표를 알고 있는 비전문적인 성경 독자들은 텍스트를 어떤 관점에서 읽어야 할 것인지를 결정하는 과정을 교육받은 학자의 지도를 받아야만 한다. 이러한 점에서 서사비평은 역사비평과 다르지 않다. 또 역사비평의 목표를 잘 알고 있는 훈련받지 않은 성경 독자들은 그 방법을 익힌 학자들이 제공해 줄 수 있는 지도를 당연히 받아야만 한다.

5. 서사비평은 신앙공동체와 밀접한 연관성을 갖고 있다.

  서사비평은 성경구절을 해석함에 있어서 명백한 역사적인 사실을 밝혀 내는 것보다는 본문이 의도하는 문학적인 효과가 무엇인지를 밝혀 냄으로써 그렇게 하지 않으면 신앙공동체의 구성원들이 수용하기 힘든 자료들을 살려 낸다. 성경에서 발견되어지는 신화적이고 초자연적인 요소들은 수년 동안 현대 독자들을 괴롭혀 온 문제들인데, 이제는 더이상 문제가 되지 않는다.[7] 마태복음의 냉혹한 반유대적인 구절들은 다른 예를 보여 준다. 이러한 구절들이 오늘날 우리들을 얼마나 혼란스럽게 만드는것인가와는 상관없이, 서사비평가들은 마태이야기가 반셈주의의 효과를 불러일으키려는 문학적인 의도를 갖고 있지 않다는 사실을 명백히 보여 줄 수 있다.[8]

이 방법은 또한 기독교의 정경이해와 일치하는 방식으로 텍스트를 다룬다. 기독교회는 성경형성 배후에 있는 구전전승이나 1차 자료보다는 성경 자체가 권위를 갖고 있다고 고백해 왔다. 서사비평은 텍스트의 완성된 형태에 초점을 맞춤으로써, 성서를 정경의 차원에서 해석하고자 한다. 텍스트는 신앙공동체가 그들의 신앙과 생활에 권위있는 것으로 인정하는 바로 그것이다. 뿐만 아니라, 서사비평은 기독교의 성령론을 강조한다. 계시는 독자와 텍스트의 상호작용을 통해서 지금 일어나는 사건으로 생각되어지기 때문에 성령의 능동적인 역할은 해석의 과정에 핵심적이다.

서사비평와 신앙공동체의 관심 사이의 이러한 명백한 일치는 역사비평이 제기하는 도전들로 인해서 심기가 불편한 사람들에게 특히 매력적이다. 역사비평 방법이 신앙공동체에 대한 수많은 통찰들을 제공(하고 또 계속해서 제공)하지만, 이 방법이 요구하는 역사적인 의식과 그 배후에 놓여진 신앙을 연결짓는 것은 결코 쉬운 일이 아니었다. 알란 컬페퍼가 지적한 대로 역사적인 연구는 회의적인 태도를 요구하며, 결국에는 다소 개연성이 있는 증거들을 재구성하는 것에서 연구작업이 그치기도 한다.[9] 이러한 회의적인 자세는 복음서 이야기의 기록의 근거였을 뿐만 아니라 또한 분명히 읽혀지도록 기대되어지는 신앙의 확실성과는 거리가 멀다. 서사비평은 텍스트 자체의 내재된 독자의 관점에서 텍스트를 해석함으로써, 필연적으로 신앙관점에서 비롯된 주석을 제공한다.

하지만 우리는 역사비평 방법이 신앙을 가진 사람들에게 어려운 문제를 제기한다는 단순한 사실로 인해서 역사비평을 배척해서는 안 된다는 점을 명심해야 한다. 역사비평적인 연구가 발생시킨 논점들은 신학이 성장해 가는 데에 중요한 기여를 했다. 어렵고 또 논란이 되는 문제를 피하기 위한 수단으로 서사비평을 채택하는 것은 방법론을 오용하는 것이라고 생각된다. 성숙한 신학적인 사고는 복음서의 내재된 독자가 명백히 갖고 있는 신앙의 관점을 밝혀 내는 작업과 아울러서 현대의 역사적인 의식에 의해서 요구되어지는 회의적인 자세도 고려해야만 한다.

6. 서사비평은 신앙공동체를 하나로 묶어 주는 힘을 준다.

서사비평은 다음 두 가지 점에서 성서를 교회일치의 측면에서 연구하도록 한다. 첫 번째, 서사비평은 역사성에 대한 질문으로 시작하지 않는 방법이기 때문에, 학자들로 하여금 밝혀 낼 수 없는 많은 역사적인 문제들에 대한 의견일치에 이르도록 강요하지 않고도 성경이야기들이 갖고 있는 의미에 대한 논의에 그들이 참여할 수 있다고 설득한다.[10] 예를 들어, 학자들은 이야기에 보고된 사건들이 '실제로 일어났는지'에 대해서 합의를 보지 못했다고 해도 성경이야기의 문학적인 의미는 논의할 수 있다는 것이다. 하지만 이러한 일치는 단지 피상적이며, 사실 모든 관련된 사람들에게 중요한 문제들에 대한 논의를 잠시 지연시킴으로써 가능할 뿐이다. 그러나 각각의 공동체에서 대표를 보내어 어떤 문제들에 대해서 그들이 다양한 견해를 갖고 있음을 인정하고, 상대방의 입장에서 서로를 이해함으로써 협력하고 유익을 끼칠 수 있는 길을 찾아본다면 상당히 가치가 있을 것이다.

서사비평가가 볼 때에는 교회일치를 위한 보다 큰 잠재력은 텍스트가 다양한 의미를 가질 수 있다는 인식에 놓여 있다. 일종의 독자-반응 비평방법들과는 달리, 서사비평은 텍스트 자체가 해석의 기준을 세운다는 점을 주장한다. 하지만 이러한 준거에는 어떤 모호함이 있을 수 있다. 텍스트 속에 있는 간격(gaps)은 내재된 독자가 어떤 반응을 보일 것인지를 전혀 예측할 수 없게 만든다. 이러한 상황에서 서사비평가들은 텍스트에 대한 가장 가능한 해석을 지향해야 한다는 점을 강조하는데, 이것은 내재된 독자가 취하는 해석방법으로 본문 속에 주어져 있는 것을 찾아내는 작업이다. 하지만 다른 서사비평가들은 여기서 독자-반응 방식을 지향하며, 모호함을 한 가지 이상의 방식으로 텍스트를 읽을 수 있는 텍스트의 개방성으로 단정한다. 이러한 입장은 텍스트를 읽으면서 각기 상이한 해석을 하는 신앙공동체들이 서로에 대해서 보다 관대하고 수용적인 자세를 갖도록 하는 토대를 마련해 놓는다.

7. 서사비평은 성경구절을 새롭게 해석하게 해준다.

이것은 방금 언급한 바 있는 서사비평이 텍스트에 대한 다양한 해석을 수용할 수 있다는 사실에서 비롯된다. 이야기들은 시간과 공간의 제약을 받지 않고 사람들에게 들려질 수 있다. 예를 들어, 여성운동가와 3세계 신학자들은 지금까지 성경이 가부장적이고 지역적인 제약을 갖고 있다고 생각해 왔는데, 서사비평을 통해서 바로 그 성경에 의해서 자유를 얻게 된다는 사실을 알게 되었으며, 이제는 그런 방식으로 성경을 연구한다. 교회는 현 상태에 대한 성경의 도전들에 의해서 계속 개혁되어져야 하기 때문에 서사비평의 이러한 점이 눈길을 끈다. 하지만 서사비평은 어떤 구체적인 관심을 갖는 특정집단의 전유물은 아니다. 그것은 오늘날 독자들을 참여케 하는 방식으로 성경이야기들이 말하게 하는 하나의 방법론일 뿐이다.

8. 서사비평은 성경이야기가 개인적이고 사회적인 변혁을 일으킬 수 있는 힘을 가지고 있음을 보여 준다.

오늘날 학자들은 성경이야기가 우리들을 참여시키고 우리가 우리 자신과 세계를 인식하는 방식을 변화시킬 수 있는 힘을 가지고 있다는 사실에 대한 인식을 점차로 하고 있다. 이야기들이 그렇게 전파력이 강한 이유는 무엇인가? 어떤 사람들은 이야기가 삶 자체와 비슷하다는 점을 지적한다. 모든 인간의 경험을 강조하는 것이 서사이야기의 고유한 성격이라는 것이다. 이야기들은 의식적으로 '삶의 양태'(the shape of life)를 구체화하기 때문에 삶을 형성시키는 힘을 갖고 있다.[11] 이것은 이야기들이 사실대조 기능에서 힘을 발휘한다는 것을 의미하지 않는다. 이야기들은 여러 가지 점에서 현실적인 삶과는 다르며, 또 삶과 비슷한 이야기들이 우리들에게 반드시 가장 깊은 영향을 미치는 것도 아니다. 오히려 서사형태 자체는 이와는 다른 어떤 심오한 방식으로 실재와 상응하며, 그래서 우리로 하여금 이야기 세계에 대한 우리의 경험을 우리 자신의 상황으로 옮길 수 있게 해준다. 서사의 이야기 세계 속으로 들어 가는 것은 최신식 영화관에 들어 가는 것과 같다. 일단 극장 안으로 들어가면 우리는 우리가 실제로 생활하는 세계와는 다른 실재관을 갖게 되는 것을 발견하게 된다. 그럼에도 불구하고 이러한 단순화되어지고 어떤 측면에서는 이질적이기까지 한 실재관과의 만남이 우리들에게 영향, 즉 우리가 극장을 떠나서 실세계로 돌아온 후에도 오랫동안 느낌이 지속되도록 하는 것과 같은 효과를 미치게 해준다.

서사비평의 몇몇 지지자들은 이 방법론이 최근의 성경학자들에 의해서는 제기되지 않는 다른 요구를 해소시켜 주는 측면을 갖고 있다고 주장한다. 컬페퍼는 현대 학자들이 복음서를 객관화하려고 해왔으며, 우리로 하여금 이성적인 차원에서만 복음서를 다루도록 하며, 그럼으로써 그 본래적인 힘을 갖고 있는 텍스트와의 상호작용의 경험을 빼앗아 가버린다고 주장했다.[12] 역사적인 연구와 교리적인 추론은 모두 성경이야기들을 물상화시킨다. 그것들은 이야기의 문맥에서 메시지를 분리시켜서 그것을 그 이야기가 갖고 있는 독특성, 매력, 그리고 진정성을 결코 포함할 수 없는 사고의 범주로 몰아넣어 버린다. 컬페퍼는 이러한 질서와 객관성이 우리에게 필요하다고 결론짓는다. 그러나 대개의 기독교인들은 신앙을 위한 삶과 생동력의 필수불가결한 원천이 가설에 근거한 역사적 재구성이나 성경에서 찾아 낸 교리적인 원칙들의 진술이라고는 생각치 않는다. 그 원천은 오히려 신앙공동체에 의해서 기억되어지고, 그 이야기 형태대로 보존되어지고 해석되어진 성경이야기 바로 그것이다.[13]

　서사비평에 대한 논의가-성경이야기와 그것에 관한 교리적 추론 가운데-무엇이 우선적이냐 하는 데 대한 논쟁을 퇴보시킨 것은 불행한 일이다. 이 둘은 모두 신학작업에 있어서 중요하다. 그럼에도 불구하고 여러 세대의 성경 독자들이 증명할 수 있는 대로 그 이야기들이 가지고 있는 핵심적인 것은 어떤 교리적인 형태로는 파악할 수 없다. 컬페퍼의 요지는 다음과 같다 : 성경의 서사적인 성격을 존중함으로써 서사비평은 전체 신학적인 작업에 필수불가결한 하나의 요소가 될 또 하나의 성경 연구방법을 더했다.

　성경 문학비평은 조직신학과 실천신학에서 일어나는 이야기가 갖는 힘을 발견하고 찾아 내는 운동들과 일치한다. 우리는 이야기 신학, 이야기 설교라는 말을 사용하고, 목회상담에서는 한 개인의 이야기를 밝히는 데 새로운 강조점을 두는 것을 본다. 이 시점에 성경에 대한 이야기 연구방법을 사용함으로써 얻어지는 부수적인 이

익은 그것이 다른 방법들과 통합할 기회를 제공한다는 것이다.

2. 서사비평에 대한 반대주장들

서사비평이 잠재적인 이익들을 가져다 줄 것이라고 많은 사람들이 믿고 있음에도 불구하고, 이 방법이 아무런 반발없이 성경연구에 도입된 것은 아니다. 이 방법을 복음서 연구에 사용하는 것이 과연 적합한가 또 권장할 만한가 하는 문제가 제기되었고, 그 도입에 많은 반대가 있었다.[14]

1. 서사비평은 실제로는 상이한 자료들의 수집물인 복음서를 일관성있는 이야기로 다룬다.

양식비평의 연구결과에 근거해서 어떤 학자들은 무엇보다도 복음서를 서사이야기로 분류하는 것은 잘못이라고 주장한다. 어떤 양식비평학자들은 복음서가 '한 줄에 꿰인 진주처럼' 함께 묶여져 온 개별전승 단위들로 구성되어 있다고 주장한다.[15] 관련이 없는 요소들을 직선적인 연속성을 갖도록 병치시킴으로써, '서사의 인상' (impression of a narrative)이 만들어졌는데, 이것은 우연히 만들어진 허상일 뿐이라는 것이다. 하지만 현대문학 연구방법이 등장하기 전에도 편집비평가들은 각 복음서들이 상당한 통일성을 갖고 있음을 발견했다. 문학연구들은 이러한 연구를 더 발전시켰으며, 이야기들이 놀랄 만한 일관성을 갖고 있음을 밝혀 내었다. 예를 들어, 만약 마가복음이 단순히 다양한 자료원들에서 비롯된 상이한 자료들의 수집물이라고 한다면, 마가복음 전체에 걸쳐서 지속적으로 묘사되는 주된 등장인물 집단들을 찾아 낼 수가 없을 것이다. 문학학자인 롤랑 무샤트 프라이(Roland Mushat Frye)는 4복음서를 깊이 살피고 나서, 각 복음서들은 그 상이한 자료들이 효과적으로 통합되어서 각 복음서가 그 자체적으로 하나의 문학작품으로 다루어져야 할 정도로 상당히 문학적인 가치를 지닌 이야기로 보인다고 결론지었다.[16]

그러나 어떤 학자들은 서사비평가들이 복음서가 갖고 있는 불일치성을 무시하거나 너무 쉽게 처리해 버린다고 말한다. 예를 들어, 누가복음의 처음 몇 장에는 천사들과 영적으로 충만한 예언자들이 예수를 통해서 이스라엘을 회복시키실 하나님의 계획, 즉 그 다음에 나오는 자료들에서는 이루어지지 않는 계획을 선포하는 것으로 묘사되어 있다. 이것은 누가의 '유아살해 이야기'가 이 외의 부분과는 다른 자료층에 속해 있으며, 그래서 개별적으로 다루어져야만 한다는 것으로 설명할 수 있을 것이다. 서사비평은 서사의 일관성만을 강조함으로써, 복음서에서 자료들의 혼합의 결과로 나타나는 이러한 틈과 균열을 간과한다는 것이 그들의 주장이다.[17]

하지만 이 반대주장은, 서사비평의 적합성이 내용 차원의 일관성을 세우는 데 근거하고 있다고 가정한다면, 서사비평을 전적으로 잘못 이해한 것이다. 이야기의 통일성은 자료의 분석에 의해서 입증되어지지 않는다. 오히려 그것은 그렇다고 생각되어지는 것이다.[18] 본문에 일관성을 부여하는 것은 이야기 자체의 형태이며, 그것은 그 본문이 어떻게 구분되어지는가와는 관계가 없다. 따라서 양식비평가들도 명백히 알고 있는 소위 이야기의 허상은 이 방법이 요구하는 모든 것이다. 내재된 독자의 관점에서 보면, 이야기 형태가 우연히 만들어졌든지 아니면 의도적으로 그렇게 되었든지 간에 차이가 없다. 이야기는 현재 있는 그대로 있으며, 독자는 그것을 다루어야만 한다. 불일치한 측면이 있다는 사실이 이야기의 통일성을 와해시키지 않으며, 그것은 단순히 해석되어져야 하는 모습들 가운데 하나가 된다. 예를 들어, 그것들은 설명되어지거나 긴장을 유지해야만 하는 신호적인 간격과 모호성이 된다.[19] 이것은 그것들이 거기서 의도되어진 것인지 아니면 무의식적인 것인지와는 관계없이 사실이다.

모든 문학작품들은 구성의 역사를 갖고 있다. 그러나 구성의 역사는 최종적인 작품이 갖는 시적인 기능을 이해하는 데 적절한 것으로 간주하지 않는 것이 일반적인 경향이다. 역사적인 관점에서 보면, 초서(Chaucer)가 켄터베리 테일스에 들어 있는 이야기들을 어디에서 찾아 내었는지를 밝히기 위해서 노력하는 것이 적법한 것이다. 그러나 이러한 정보는 완성된 작품이 그 독자들에게 미치는 영향을 밝히려는 문학비평가들에게는 결정적이지는 않을 것이다. 그래서 궁극적으로 이러한 반대는 추상적이다. 참된 문제점은 우리가 현재 갖고 있는 형태의 복음서에 있어서 시적인 기능이 연구할 만한 가치가 있는 주제인가 하는 것이다. 만약 그렇다면, 복음서가 현재의 형태로 구성되는 데 상당히 복합적인 과정이 있었다고 해도 그러한 사실이 문학적인 연구작업을 막지는 못할 것이다.

2. 서사비평은 현대문학 연구에서 도출된 개념들을 고대의 문학에 적용한다.

문학이론이 현대문학에 근거해서 그 대부분의 개념들을 만들어 왔다는 것은 부인할 수 없다. 일반 문학이론을 다루는 교과서들을 탐독하는 성경 학도들은 이 책들이 헨리 제임스, 제인 오스틴, 사무엘 베케트, 제임스 조이스, 그리고 이 외의 작가들에 대한 언급으로 가득 차 있다는 사실을 발견하게 된다. 성경기자들이 현대 저자들과의 비교를 통해서 그들에게 부여된 기교와 미묘함을 가지고 글을 쓰기 위해서 필요한 것들을 갖고 있었다고 하는 것은 주제넘는 가정이 아닌가?

이러한 주장은 타당성을 가지고 있는데, 먼저 현대문학과 고대문학의 차이를 아는 것이 중요하다. 그러나 서사비평가들은 때로 이러한 구별을 하지 않는 것도 사실이다. 현대문학 이론들의 대부분은 복음서 연구에 적합하지 않다. 그러나 시대적인 제약을 받지 않는 이야기 관습들도 있다. 현대 이야기와 마찬가지로 고대 이야기들도 사건, 등장인물, 그리고 배경으로 구성되어 있으며, 어떤 특정한 관점에서 이야기가 전개된다. 사실 고대문학은 그 이야기 기법이 단순하고 의도적이지 않은 방식으로 사용되어지기 때문에 기본적인 이야기하기 기법의 가장 좋은 예들을 종종 제공한다. 서사비평의 기본적인 개념들을 이해하지 못하거나 분해시켜 버리는 일은 복음서에서 발견되어지는 이야기 전개의 원형에서만 나타나지 않고, 실험적인 현대문학에서도 나타난다.

뿐만 아니라, 성경기자들이 문학적인 개념들에 대한 지식을 갖고 있었다고 가정할 필요는 없다. 이야기를 그들의 메시지 전달의 수단으로 삼음으로써, 그들은 오늘날에도 여전히 알려질 수 있고 묘사될 수 있는 어떤 기본적인 이야기 관습을 택하게 되었다. 요한은 아이러니가 무엇인지 전혀 알지 못했을 것이다. 그러나 우리의 관점에서 보면, 그의 이야기는 우리가 아이러니라고 부르는 방식으로 종종 전개된다. 그렇다고 해도 서사비평의 용어와 범주들은 그들에게는 전혀 이질적인 차원일 수밖에 없다. 그러나 이점을 명심하는 한, 분석의 본질은 예나 지금이나 타당한 것으로 여겨질 수 있을 것이다.

3. 서사비평은 복음서를 소설연구에 사용되는 방법으로 해석하려고 한다.

서사비평의 원칙들을 만들어 낸 많은 서사이론들은 표면적으로는 소설을 연구하기 위해서 의도된 것들이다. 웨인 부스는 그의 책을 '소설의 수사학'이라고 명명했다. 포스터의 연구는 '소설의 양상들'이라고 불린다. 채트맨의 '이야기와 담론'까지도 '소설과 영화의 서사적 구조'라는 부제를 달고 있다. 이렇듯 소설연구에서 도출된 연구결과들을 어떻게 복음서 연구에 직접 적용할 수 있는가?

복음서는 물론 소설은 아니며, 역사적인 진리를 전하기 위한 의도를 갖고 있다. 하지만 소설장르와 복음서가 서사적인 형태를 공유하고 있는 한, 이 둘은 서사분석의 대상이 된다. 우리는 에릭 아우에르바하가 실재의 묘사를 문학연구의 대상이라고 말한 것을 기억한다. 즉, 실재를 묘사하는 어떤 이야기는 독자들이 그 묘사를 정확한 것으로 받아들이도록 의도되었는지와는 관계없이, 문학으로 연구되어질 수 있다는 것이다.[20] 서사적인 형태를 갖는 것으로 보이는 어떤 작품의 시적인 기능은 서사비평의 시각에서 분석될 수 있다. 엄격히 말해서, 문학을 역사와 소설로 나누는 것은 잘못된 것이다. 오히려 모든 문학작품에 다 적용할 수 있는 사실대조 기능과 시적인 기능으로 구별하는 것이 더 좋을 것이다. 문제는 복음서가 역사인가 아니면 소설인가 하는 것이 아니고, 복음서가 사실대조적인 기능으로 읽혀져야 하는가 아니면 시적인 기능의 관점에서 읽혀져야 하는가 하는 것이다. 물론 복음서는 실제로 이 두 가지 방식으로 읽혀져 왔다. 그렇지만 최근에 이르러서야 서사비평이 두 번째 독서유형을 학문적인 연구의 대상으로 삼게 되었으며, 그래서 그것에 학문적인 경의를 표하게 되었다.

대다수의 일반 서사론이 소설에만 초점을 맞춘다는 사실은 일반 서사론이 형평을 잃고 특정분야에만 불필요하게 관심을 기울인다는 것을 단순히 보여 줄 뿐이다. 이야기와 담론에서 발견되어지는 많은 원칙들이 소설과 영화, 그리고 이외의 다른 장르들에 적용되어서 안 될 이유는 없다. 전기작품과 그 외의 비소설류의 서사작품에서도 유사한 구조를 발견할 수 있다. 사실 서사이론가들은 때로 호머의 작품이나 율리우스 시저의 작품이 현대소설과는 전혀 다른 장르를 보여 준다고 해도, 그 작품들에도 주의를 기울인다. 노드럽

프라이는 그 유명한 작품, 즉 에드워드 깁본(Edward Gibbon)의 로마제국 흥망사(Decline and Fall of the Roman Empire)를 연구하는데, 이 작품은 원래 그 역사적인 내용으로 높이 칭송을 받았다. 그러나 지금까지도 문학작품으로 더 인정받아 오고 있다.[21]

간단히 말해서, 장르(복음서라는) 보다는 복음서의 형태(서사라는)가 복음서를 서사비평 방식으로 연구할 수 있게 해준다. 복음서가 소설작품과 함께 어떤 형식적인 특징들을 공유한다는 인식은 복음서가 역사를 반영하는 정도, 또는 복음서가 역사를 반영하는 신빙성의 정도를 어떤 방식으로든 미리 판단하지 않는다.

4. 서사비평은 텍스트의 분석에 대한 객관적인 기준을 결여하고 있다.

문학비평 방법이 텍스트에 대한 주관적인 반응을 비호하고 순전히 자의적인 결론을 이끌어 내도록 한다는 말을 종종한다. 크리스토퍼 터케트(Christopher Tuckett)는 이러한 경향을, 문학 텍스트가 다양한 의미를 가질 수 있다는 전제와 저자의 의도가 작품의 원래의 의미를 밝혀 내는 데에 결코 결정적이지 않다는 궁극적인 거부와 연결시킨다.[22] 역사비평학자들이 원래의 의미에 대한 그들의 해석에 있어 항상 일치하는 것은 아니다. 그러나 최소한 그들은 저자의 의도가 모든 의견들을 측정하는 기준이라는 사실에는 동의한다. 터케트는 문학비평이 해석을 평가할 수 있는 객관적인 기준을 결여하고 있다고 불만을 토로한다. 그 한 예로써, 양과 염소에 대한 마태의 이야기(25:31-46)를 문학적으로 읽으면, 그 우화를 세상의 가난한 자들과 곤경에 처한 자들에게 자선을 베풀도록 권고하는 것으로 해석할 수도 있다고 말한다. 사실 그 이야기의 원래의 의미는 이보다 제한되어 있으며, 기독교 선교에 대한 응답에 적용되어진다. 문학적인 독서가 확실히 매력적이기는 하지만, 터케트는 비평가들이 의도되지 않은 텍스트의 의미들을 읽어내는 데 자유롭다면, 어떤 학문적인 통합성이 유지될 수 있을 것인지 궁금해 한다.[23]

터케트의 불만은 전체 문학비평을 그 대상으로 하는데, 문학비평은 상이한 방법들로 세분되어지는 매우 넓은 영역이다. 그가 싫어하는 주관적인 독서를 부추기는 것은 독자중심 비평의 변종들이다. 이에 비해, 서사비평은 텍스트가 해석의 기준을 갖고 있다고 주장하는 텍스트 중심의 방법이다. 나는 서사비평가들이 양과 염소의 이야기에 대해 터케트가 말한 것과 같은 문학적인 독서에 도달하게 되리라고는 생각하지 않는다. 왜냐하면 이러한 해석은 텍스트 자체 내에 있는 언급들에 의해서 배제되기 때문이다. 초기 기독교 공동체에 대한 성경 외적인 지식들에 대해서 호기심을 갖는 대신, 서사비평가는 마태복음 25장의 자선을 베푸는 자들이 예수의 형제로 묘사되고 있다는 사실에 유의한다. 마태이야기의 어느 곳에서든지 예수의 형제는 하나님의 뜻을 행하는 자로 규정되어진다(12:50). 따라서 이 본문을 서사비평 방식으로 읽는 것은 1세기의 선교사들에게 적합하게 묘사되어지는 것 이상의 광범위한 적용을 가능케 한다. 그러나 이러한 독서가 텍스트 자체의 문맥에 상치되는 변덕스러운 적용을 만들어 내지는 않을 것이다.

다양한 의미를 어떻게 생각하느냐에 따라서, 서사비평이 주관성을 어느 정도 수용할 수 있는지를 알 수 있을 것이다. 서사비평가는 종종 텍스트의 해석에서 의견을 달리하며, 다 그런 것은 아니지만 몇몇 서사비평가들은 어떤 경우에서는 한 가지 이상의 해석이 가능하다는 사실을 기꺼이 수용하려고 한다. 텍스트는 때로 그 자체가 한 가지 이상의 방식으로 읽혀지는 것을 허용한다. 하지만 서사비평가들은 이러한 주관성에 한계를 둔다. 다양한 해석을 허용한 학자라고 하더라도 지탱될 수 없는 해석들에 대해서 텍스트가 거부권을 행사한다는 사실을 인식한다. 그래서 서사비평은 객관적인 범주에 따라서 그 해석을 평가한다. 그러나 이러한 범주는 저자의 의도가 아닌 텍스트의 의도의 측면에서 규정된다. 물론 텍스트는 우리가 내재된 저자라고 부르는 것을 포함하고 있으며, 그래서 이것이 텍스트 자체에 구체적으로 나타날 때에만 저자의 의도를 고려하게 된다.

한마디로 말해서, 서사비평이 채택한 해석의 근거는 사실 전통적인 역사비평 연구가 채택한 것보다 덜 추론적이지는 않다. 성경의 실제저자들과는 인터뷰를 할 수 없기 때문에 텍스트에서 발견할 수 있는 것 이상의 저자의 의도를 재구성한다는 것은 가설일 수밖에 없다. 서사비평에서는 해석의 기준이 오늘날 우리들이 받아들이는 텍스트의 의도이며, 현대인들이 거부하는 추정된 저자의 의도는 아니다.

5. 서사비평은 복음서의 역사적인 증거를 거부하거나 무시한다.

아마도 성경연구에서 서사비평을 사용하는 것에 대한 가장 폭넓은 지지를 얻는 반대주장은 그 방법이 어떻든 반역사적(antihistorical)이며, 그래서 기독교 신앙의 역사적인 토대를 손상시킨다는 것이다. 서사비평은 복음서를 역사 속에서의 하나님의 행동에 대한 증언으로 다루지 않고, 그것이 묘사하는 사건들과는 별개로 그 자체적으로 어떤 내재적인 가치를 가지는 것으로 본다. 이러한 생각은 이 이야기를 성서로 보려는 교회의 생각과 상치되는데, 교회의 입장은 복음서를 문학적인 가치를 가진 것으로 인정하기보다는 신뢰할 만한 구원사의 기록으로 이해하는 데 근거한다.

사실 서사비평이 세운 가설들과 전제들 가운데 어떤 것도 역사적인 탐구의 적합성을 문제삼지 않는다. 그 시적인 기능에 입각해서 검증되는 텍스트가 사실대조 기능에 관심을 갖는 다른 방법에 의해서 검증되어질 수 없으라는 이유는 없다. 이 책에서 논의된 서사비평가의 대다수가 성서의 역사적인 증언을 중요하게 여기는 사람들이다. 사실 그들 가운데 많은 사람들이 이 역사적인 증언을 이해하고 인식하는 데 전통적인 방법들을 사용해 왔다.[24]

문학비평에 대한 최근의 비판에서 린 폴랜드(Lynn Poland)는 문학비평의 가정들이 완벽한 해석작업에는 '적합하지 않으며, 그렇지 않다고 해도 최소한 불충분하다'는 점을 지적한다.[25] 하지만 폴랜드의 '최소한'에 의해서 구분되어지는 두 개의 지적이 실제로는 두 개의 매우 상이한 문제들임을 알아야만 한다. 서사비평이 역사적인 해석의 목표들과 일치하지 않는다는 지적은 고수될 수 없다. 그러나 서사비평이 비역사적인(또는 더 적합한 표현으로 비사실대조적인) 한에는, 그 결과는 불완전한 것으로 간주될 수 있을 것이다. 그러나 이러한 반대는 그것이 어떤 기여를 하는지를 타당하게 검토하지 않고 단순히 그 방법의 한계를 지적하는 것이다. 방법(자료비평, 양식비평, 편집비평, 등등의) 가운데 어느 하나도 완전한 해석의 임무를 달성하기에 충분하다고 주장하지는 못할 것이다.

서사비평이 '비역사적'(nonhistorical)이라는 생각조차도 완화되어야만 한다. 서사비평은 현대 독자들이 텍스트가 그 내재된 독자에게 설정한 역사적인 지식을 가질 것을 요구한다. 이저가 '독자의 목록'(the reader's repertoire)이라고 부르는 것에 주의를 기울여야만 한다.[26] 기본적인 의미에서 이것은 이야기의 세계에서는 공통적으로 알려져 있는 실제적인 정보(한 데나리온이 얼마만큼의 가치가 있는가, 백부장의 직분은 무엇인가 등등)를 제공한다. 그것은 또한 그 이야기의 배후에 놓여 있는 사회적이고 정치적인 실재들에 대한 생각을 포함한다. 그것은 특정한 사회관습들을 이해하고 문화적으로 규정된 상징들과 비유들의 의미를 밝히는 것을 포함한다.[27] 서사비평은 독자에게 이러한 유형의 연구결과를 제공하는 역사적인 연구에 의존해야 한다.

그리고 서사비평이 역사적인 이해를 갖는 데 기여할 수도 있다. 킹스베리는 복음서의 이야기 세계가 중요한 측면에서 복음서 기자의 실재 세계를 밝혀 낼 수 있는 '지침'임을 입증할 수 있으며, 내재된 독자는 그 작품이 처음에 의도된 실제독자들에 대한 것을 밝혀 낼 수 있는 '지침'임을 증명할 수 있다고 주장했다.[28] 나는 여기에 (아마도 이 둘에 의해서 가정된) 세 번째 전제, 즉 내재된 저자는 실제저자의 지침의 기능을 할 수 있다는 사실을 첨부하고자 한다. 예를 들어, 마가복음의 내재된 저자가 예수의 제자들에 대해서 동정적이어서, 그들의 실패에도 불구하고 그들을 낙관적으로 여긴다면, (확실하지는 않지만) 실제저자가 그들을 이러한 방식으로 생각했다고 볼 수 있을 것이다. 서사비평적인 통찰의 이러한 적용은 해석학적인 도약을 요구한다. 그러나 그것은 소폭의 도약이다. 기본적으로 그 도약은 복음서의 기자들이 그들이 그렇게 하기를 원한 효과를 가질 수 있는 이야기를 만들어 내는 데 성공했다는 확증할 수 없는 가정을 수용해 들이게 한다. 이 저자들이 성공했다면, 서사비평에 의해서 식별가능한 텍스트의 의도는 역사비평에 의해서 발견된 '저자의 의도'에 대한 신뢰할 만한 지침으로 여겨질 수 있을 것이다. 학자들이 이러한 '작은 도약'을 일으킬 수 있는 한, 서사비평의 결과는 역사적 연구에도 유용할 것이다. 최소한 그것들은 결과적으로 다른 연구유형에 의해서 확증되어지는 어떤 특정한 방향으로 역사적인 학문탐구를 이끌고 갈 것이다.

분명히 말하지만, 서사비평은 반역사적인 학문이 아니다. 사실 텍스트에 대한 서사적인 방법과 역사적인 방법 사이에는 공생적인 관계가 있다. 두 가지 방법이 동시에 사용될 수는 없다고 해도 그것들은 각기 상호보완적인 방식으로 사용될 수 있다. 그것들은 필요불가결한 보충물들로 여겨지기까지 하며, 각각은 다른 것을 적용하는 데 유용한 정보를 제공해 준다.

3. 확장된 해석학

성경연구에서 해석학은 성경의 권위와 영감에 관한 문제들에 초점을 맞춘다. 모든 기독교 공동체들이 이러한 일치가 어떻게 규명되어야 하는가에 대해서는 상이한 생각들을 갖고 있다고 해도, 성경을 하나님의 말씀으로 인정하는 데는 주저하지 않는다. 기독교인들은 최소한 성경이 역사의 중요한 시점들에서 주어져 온 신적인 계시의 기록들을 담고 있다고 믿는다. 성경은 오늘날 우리들에게는 충분한 신학적인 의미를 주는 영감된 사람들의 기록과 하나님의 행동의 보고들을 담고 있다.

서사비평을 효과적으로 사용하기 위해서는 이보다 더 폭넓은 해석학의 전개가 있어야 한다. 서사비평은 계시가 지금도 텍스트와 대면할 때 일어나는 사건이라고 생각한다. 성경은 하나님께서 과거에 사람들에게 어떻게 말씀하셨는가에 대한 기록임에 분명하지만, 그것은 또한 하나님께서 오늘날 사람들에게 말씀하시는 통로이기도 하다. 해석학적인 의미는 텍스트 읽기(또는 듣기)의 현재적 행동에 주어질 수 있다.

어떤 사람들에게는 이러한 생각이 새롭게 여겨질 것이다. 그러나 계시를 이야기할 때는 반드시 수신자가 있어야 한다. 그들이 없이는 어느 것도 계시되어졌다고 말할 수 없다. 고대의 격언에 의하면, 숲 속에 떨어진 나무는 사람이 그 소리를 듣지 않는다면 소리를 내지 않는다. 이와 마찬가지로 성경은 어떤 사람이 이 계시를 받지 않는다면 하나님의 말씀을 계시한다고 말할 수 없다. 커피 탁자 위에 덮여 있는 채로 놓여 있는 책을 '하나님의 말씀'이라고 하는 것은 불경스러운 일이다. 성서 자체에 의하면, 하나님의 말씀은 행동적이고 역동적인 힘이며, 그래서 결코 헛되이 돌아오지 않고, 그것이 나간 목적을 이룬다(사 55 : 11). 하나님의 말씀은 깨끗하게 하고, 치유하고, 창조하며, 심판하고, 구원한다. 그러나 그러한 일은 성경이 커피 탁자 위에 놓여 있을 때에는 일어나지 않는다. 그래서 성경이 하나님의 말씀이라는 것보다 더 좋은 말은, 성경은 그것을 읽고 받아들이는 사람에 의해서 하나님의 말씀이 된다는 것이다.[29]

마틴 루터는 하나님의 말씀을 역사의 첫 번째 사건으로 간주하며, 그래서 성경기자들에 의해서 그 사건이 선포되고, 마지막으로 그 선포가 그것을 듣는 사람들 속에서 신앙을 일깨워 주고, 활동케 하는 사건으로 간주한다.[30] 하지만 루터의 해석학에 경의를 표하는 학자들이라고 해도 그의 마지막 단계의 중요성을 무시할 때가 있다. 성경해석의 전통적인 방법들은 역사적 과거가 계시의 장소라는 중요성을 갖고 있음을 깨달았으며, 텍스트가 입증해 주는 역사적인 상황들에 대해서, 그리고 그 책을 나오게 만든 상황들에 대해서 우리들에게 깨우쳐 주는 데 성공했다. 하지만 이 텍스트들이 현재 활용되어지는 해석학적인 과정에는 거의 주의를 기울이지 않았다. 서사비평은 텍스트가 독자들에게 의미가 있게 만드는 방식을 시험함으로써, 성경연구에서 이 간격을 채워 주려고 한다. 이 방법을 사용하는 것은 그것이 학자들로 하여금 계시를 과거에 일어난 사건에 국한시키지 않는 방식으로 해석의 완전한 임무를 달성하도록 함으로써 교회에 대한 해석학적인 의미를 갖는다.

계시를 과거에 국한시키려는 데 우선적인 관심을 두는 해석학은 그 어떤 것이든 비관적인 결론에 도달할 수밖에 없다. 역사의 결정적인 요인인 시간의 흐름 바로 그것이 우리를 의미있는 사건으로부터 격리시켜서 아주 손해보는 곳에 놓아 둔다. 이러한 입장에 수반되어지는 느낌은 우리가 어떤 것을 상실하고 있지 않은가 하는 의 구심이다. 우리가 거기에 있기만 했었더라면 그것을 더 잘 이해했을 텐데 하는 아쉬움이다. 서사비평을 뒷받침하는 해석학은 이러한 편견에 도전한다. 계시는 이야기를 통해서 주어지며, 그것은 오늘도 우리와 함께 있다. 우리는 사실 특권적인 자리에 있는데, 그것은 우리가 만약 사건들이 역사 속에서 이루어지는 것을 증언하기 위해서 거기에 있다고 한다면 결코 파악할 수 없는 방식으로 이야기가 사건들을 우리에게 해석하기 때문이다.

서사비평은 또한 진리를 역사와 동일시하는 환원적인 경향에 도전한다. 성경학자들은 진리는 역사보다 큰 영역을 요구한다는 사실을 항상 인식해 왔다.[31] 성경 안에서 진리는 시편과 기도, 비유, 그리고 잠언을 포함하는 다양한 형태를 통해서 전달되어진다. 그러나 한스 프라이가 지적한 대로, 복음서의 '역사적으로 보이는' (history-like) 성격은 학자들을 유혹해서 이 책들이 역사적으로 정확한 경우에만 진리를 전달한다고 믿게 만든다.[32] 서사비평은 이러한 가정을 교정한다. 복음서의 역사적인 증거에 대해서 어떤 가치가 주어진다고 해도 이 책들은 참된 이야기, 즉 하나님의 참된 뜻을 보유하는 반응을 불러일으키도록 의도된 이야기들로 읽혀질 수 있는 것이다.

만약 하나님이 역사를 통해서처럼 이야기를 통해서 말씀하실 수 있다면, 이 이야기들의 시적인 증언은 그 사실대조적인 증언만큼 오늘날 우리들에게 의미를 준다. 더욱이 이 두 가지 증언유형은 교차되어야 하는 해석학적인 깊은 틈을 전제한다. 성경을 그 사실대조적인 기능에 우선적인 관심을 두어 연구하는 학자들은 '그 당시의 의미'와 '지금의 의미' 사이의 이러한 간격이 존재한다는 사실을 오래 전부터 알고 있었다.[33] 역사비평적인 연구의 목표는 어떤 특정한 텍스트가 그 구성의 어느 단계에서 갖는다고 생각되어지는 의미를 밝히는 것이었다. 하지만 이 목표가 달성된 후에도 대개의 현대 기독교인들은 이 역사적으로 상황지워진 의미가 그들의 현재 상황에도 적합한지를 알고 싶어할 것이다. 이러한 번역작업은 역사비평적인 학자들의 능력을 능가하는 것이다. 비평적으로 밝혀진 '그때의 의미'에서 '지금의 의미'를 도출해 내기 위해서는 해석자가 성령의 선물들과 다른 영역들, 즉 조직신학과 목회상담과 같은 영역에서 도출된 연구결과들에 근거해야만 한다.

서사비평을 텍스트의 시적인 의미를 도출해 내는 데 사용하는 학자들은 다른 유형의 깊은 틈과 대면하게 된다. 이것은 서사이야기 세계와 독자의 실제 세계 사이의 깊은 틈이다. 이야기가 의미하는 바를 독자가 이해하게 되었다고 해도, 그 이야기가 실제 삶에 어떤 의미를 갖는가 하는 문제는 여전히 밝혀져야 할 문제로 남는다. 실제 세계는 이야기 세계와 결코 일치하지 않는다. 비록 그 이야기가 실제 세계의 삶을 상당히 정확하게 묘사한다고 생각되어도 말이다. 예를 들어, 실제 삶에서 사람들은 우리가 복음서 이야기에서 만나게 되는 평면형 인물들보다 일반적으로 더 예측불가능하다. 관계는 더 복잡하며 선택의 여지가 더 많다. 우리의 주변세계를 이해하기 위해서 필요한 모든 자료들을 우리에게 제공해 주는 신뢰할 만하고 모든 것을 다 아는 해설자는 존재하지 않는다. 이러한 이유들로 인해서 서사비평을 통해서 밝혀진 성경이야기의 의미는 곧장 실제 삶에 대한 의미로 번역되어지지 않는다. 다시 한번 성경해석을 완전히 이루기 위해서는 주석적인 작업 자체에 의해서는 주어지지 않는 선물들과 통찰들이 요구되어진다.

문학적인 성경연구의 보급과 성공으로 인해서 몇몇 학자들은, 비판적인 학문이 이전에 교리적인 해석이 역사비평적인 방법론에 의해서 대치되어진 혁명에 견줄 수 있는 것과 같은 '체계전환'(a paradigm shift)의 와중에 있다고 생각케 만들었다.[34] 역사비평 방법의 충실한 지지자들까지도 역사비평 방법이 앞으로 계속해서 사용될 것인가를 의심하게 되었다.[35] 하지만 기독교인들이 이야기 배후에 있는 역사에 대한 탐구를 하려는 마음이 없이 그들의 신앙의 이야기를 단순히 이야기로만 읽으려는 데 만족할 것으로는 생각되지 않는다. 신앙의 사람들로서 우리는 이 이야기들의 의미(meaning)에 관심을 기울일 뿐만 아니라, 그 의미의 신학적인 중요성(significance)에 대해서도 관심을 기울인다.[36] 예를 들어, 예수의 수난이야기가 역사적인 근거가 없는 상상에서 우러나온 이야기라고 해도 그것은 여전히 의미를 갖는다. 그러나 이 '의미있는 이야기'(meaningful story)의 신학적인 중요성은 그 의미와 동일하지 않다. 그 이야기는 희생적인 사랑을 보여 주는 예(example)의 기능을 한다. 하지만 그것이 대속의 교리에 대한 근거를 제공해 주지는 않는다. 그래서 서사비평은 그런 점에서 신학을 보조만 할 수 있을 뿐이다. 그것은 이야기의 의미는 밝혀 주지만, 궁극적으로 그 의미가 갖는 중요성을 밝혀 주지는 않는다.[37]

다른 한계도 지적할 수 있을 것이다. 서사비평이 복음서를 그 자체적으로 이해하려고 하기 때문에 해석자는 결국 예수에 대한 네 가지의 상이한 이야기들을 대하게 될 것이다. 이것들이 어떻게 연관되어지는가? 예수에 대한 이야기를 한 가지로 하는 것이 과연 가능한가?[38] 서사비평은 각 복음서에 의해서 산출된 독특한 효과에 주의를 기울일 수 있지만 전체 성경신학에서 이것들을 조합하는 것은 다른 복음서의 도움을 받아야 한다는 것은 말할 필요도 없다.

상이한 주석적인 연구방법들은 하나의 고리에 끼워져 있는 여러 열쇠들에 비유할 수 있을 것이다.[39] 여러 열쇠들은 각기 문을 열고 상이한 유형의 연구결과들을 저장하게 된다. 서사비평은 이전에는 학자들에게 닫혔던 몇몇 문들을 열어 줄 수 있었을 것이다. 그것은 신앙의 사람들이 성경에 대해서, 그리고 성경본문의 의미에 대해서 묻는 질문들에 대한 답을 제공해 줄 것이다. 그러나 그것이 모든 문을 다 열어 주지는 않는다. 신앙의 사람들에게 매우 중요한 어떤 질문들에 대해서 서사비평이 대답할 수 없는 경우도 있다. 그 질문들 중에는 역사비평적인 연구에 맡겨져야 할 것도 있다. 어떤 문제들은 성경연구 이외의 분야에서 도움을 받아야 하는 경우도 있을 것이다. 그래서 예수께서 마태복음 13 : 52에서 말씀하시는 지혜로운 서기관은 새 것과 옛 것을 모두 보관한다. 이와 마찬가지로 앞으로도 지혜로운 성경해석자는 가능한 한 완벽한 열쇠 꾸러미를 가지려고 할 것이다.

부 록
서사비평을 주석에 사용하는 방법

서사비평은 복음서를 전체적으로 이해하는 데 초점을 맞춘다. 하지만 실제적인 측면에서는 교회의 교육과 선포사역에 도움을 주는 주석작업이 단일 본문이나 문단의 의미를 밝혀 내는 것으로 생각되어진다. 이러한 '에피소드들'은 여기에 제시하는 질문들을 통해서 서사비평의 시각에서 해석되어질 수 있다. 물론 모든 질문들이 모든 본문에 동일하게 적용되는 것은 아니다.

사 건

1. 이 에피소드에서 어떤 사건이 드러나 보이는가? 이 구절에서 어떤 일이 '일어났는가?'
2. 이 사건을 이야기 속의 다른 사건들과 비교할 때 어떤 점이 중요한가? 이것은 이야기 속에서 주된 전환점의 역할을 하는가 아

니면 이미 일어난 일을 논리적으로 이어서 수행하는가?(73, 85-87쪽을 보라.)

3. 그 사건이 서사이야기 시간(narrative time)에서는 어떻게 보고되는가? 연속적인 순서에서 일탈되어 있는가? 묘사가 눈에 띄게 제한되어 있는가 아니면 상세하게 묘사되어 있는가? 한 사건이 반복적으로 일어나는가? 이 사건에 대해서 이야기의 다른 곳에서 언급하고 있는가?(73-77, 87쪽을 보라.)

4. 이 사건이 서사이야기의 다른 사건들과는 어떻게 연결되고 있는가? 그 사건이 이미 일어난 어떤 것에 의해서 필연적으로 일어난 것인가? 이 사건이 다른 사건들을 필연적으로 발생시키는가?(79-82, 86-87쪽을 보라.)

5. 여기에서 식별가능한 갈등의 요인들은 무엇인가? 이 본문에서 갈등의 성격과 심도는 그 이야기의 다른 곳에서 발견되어지는 것과 비교해서 어떤가? 여기서 발견되어지는 갈등이 궁극적으로 어떻게 해소되는가? 이 사건이 이 갈등을 전개시키고 궁극적으로 해소시키는 데 어떤 방식으로 기여하는가?(82-85, 87-91쪽을 보라.)

6. 이 사건이 전체 이야기에서 어떤 역할을 한다고 결론을 내릴 수 있는가? 그리고 전체 플롯에 어떤 기여를 하는가?

등장인물

1. 이 에피소드에서 등장인물들은 누구이며, 그들은 서사이야기 어디에서 등장하는가? 이 등장인물들 가운데 이야기에서 단일 역할을 수행하는 집단적인 등장인물이 있는가?(95, 106쪽을 보라.)

2. 이 구절에서 등장인물들이 독자에게 어떻게 자기 모습을 드러내는가? 해설자는 우리에게 그들에 대해서 말하는가? 우리는 그들의 행동, 말, 생각, 또는 신념들에 대한 보고들을 통해서 그들에

대해서 알 수 있는가? 우리는 그들과 관련되어 있는 다른 등장인물들의 행동, 말, 생각, 또는 신념에 대한 보고를 통해서 그들에 대해서 알 수 있는가? 이것은 우리가 이야기의 다른 곳에서 이 등장인물에서 알게 되는 것과 일치하는가?(97-99, 106-108쪽을 보라.)

3. 이 에피소드에서 각각의 등장인물들은 어떤 평가관점을 갖고 있는가? 그들은 진리를 지향하는가 아니면 거짓을 지향하는가? 이것은 서사이야기 다른 곳에서 언급되는 인물묘사와 일치하는가? (98-100, 108-111쪽을 보라.)

4. 이 에피소드에서 각각의 등장인물에게 부여된 성격은 무엇인가? 이 성격들은 본질적인 성격에서 비롯된 것인가, 아니면 그것들은 다른 성격들을 이끌어 내는 본질적인 성격인가? 여기서 알 수 있는 성격들은 서사이야기의 다른 곳에서 이 등장인물들에게 부여되는 성격과 일치하는가? 서사이야기에서 그 등장인물들은 원형, 평면형, 또는 일시적 유형 가운데 어느 유형으로 묘사되고 있는가? (100-102, 111-115쪽을 보라.)

5. 독자는 이 등장인물들과 이상적으로 감정이입을 하는가, 아니면 현실적으로 감정이입을 하는가? 해설자나 주인공이 등장인물들에게 보여 주는 태도를 명확하게 밝힐 수 있는가? 독자는 등장인물들과 공감하는가, 아니면 그들에 대해서 반감을 느끼는가?(101-106, 115-118쪽을 보라.)

배 경

1. 이 에피소드의 공간적, 시간적, 그리고 사회적 배경은 무엇이며, 그것들은 이야기의 분위기 형성에 어떻게 기여를 하는가? 이 배경들은 서사이야기의 다른 곳에서도 발견되어지는가, 아니면 이 특정한 구절에서만 유일하게 나타나는가?

2. 공간적인 배경과 관련해서 이 에피소드의 등장인물의 물리적인 환경이 그들의 행동에 영향을 미치는가? 그 물리적인 환경은 어떤 감각적인 자료를 통해서 묘사되며, 이 묘사유형은 서사이야기에 전형적인 것인가? 물리적인 특징들 가운데 어느 것이 여기서 혹은 이야기의 다른 곳에서 상징적인 의미를 갖고 있는가? 이 배경들 가운데 어느 것에서 적절한 대조(예를 들면, '안'과 '밖'의 대조)가 식별되어지는가? 배경이 이러한 대조들 사이의 경계역할을 하는가? (123-126, 130-135쪽을 보라.)

3. 시간적인 배경과 관련해서 이 에피소드에서는 어떤 유형의 연대기적이고 유형론적인 언급들이 사용되었는가? 이 에피소드를 이끌어 가는 '시간의 유형'(예를 들면, 낮이나 밤, 겨울이나 여름)은 이 이야기에서는 어떤 의미를 갖고 있는가? 마지막으로, 여기서 일어난 일이 이야기의 일반적인 시간개념(다시 말하면, '기념적 시간'이나 구원사)에 비추어서 어떻게 해석되어지는가?(126-129, 135-140쪽을 보라.)

4. 사회적인 배경과 관련해서 이 에피소드를 이끌어 가는 문화적인 상황은 무엇인가? 정치적인 제도, 계급구조, 경제체제, 사회관습 등에 대해서 독자들은 어떤 지식을 갖고 있는 것으로 설정되어 있는가? 이 정보들은 이 특정한 에피소드를 전체 이야기의 문맥에서 해석할 때 어떤 영향을 미치는가?(126-130, 141-142쪽을 보라.)

전체적인 해석

1. 이 에피소드를 보고하는 데 어떤 수사적인 기법들이 사용되었는가? 의도적인 상징이나 아이러니가 발견되어지는가? 이 구절들과 바로 이어지는 문맥을 구성하는 데 어떤 서사적인 기법들이 사용되

었는가?(53-70쪽을 보라.)

  2. 전체 이야기의 문맥에서 살펴볼 때, 이 에피소드는 내재된 저자에 대해서 무엇을 알려 주는가? 이 이야기가 들려지는 방식을 통제하는 것으로 보이는 가치나 생각, 우선순위, 또는 선택의 성향 등은 무엇인가?(28-30쪽을 보라.)

  3. 서사이야기는 이 에피소드가 그 독자들에게 어떤 효과를 미칠 것으로 설정하고 있는가? 서사이야기의 담론의 어떤 요소들이 이 효과를 일으키는 데 기여를 하는가?

약어표

AARAS	American Academy of Religion Academy Series
BALS	Bible and Literature Series
BiblRes	*Biblical Research*
CBQ	*Catholic Biblical Quarterly*
CritInq	*Critical Inquiry*
GBS	Guides to Biblical Scholarship
IDB	*Interpreter's Dictionary of the Bible*
Int	*Interpretation*
JAAR	*Journal of the American Academy of Religion*
JAMA	*Journal of the American Medical Association*
JBL	*Journal of Biblical Literature*
JSNT	*Journal for the Study of the New Testament*
JSNTSS	Journal for the Study of the New Testament Supplement Series
JSOTSS	Journal for the Study of the Old Testament Supplement Series
NLH	*New Literary History*
NTS	*New Testament Studies*
PAW	*Princeton Alumni Weekly*
PhilRhet	*Philosophy and Rhetoric*
PTMS	Pittsburgh Theological Monograph Series
RevExp	*Review and Expositor*
SBL	Society of Biblical Literature
SBLDS	Society of Biblical Literature Dissertation Series
TI	Theological Inquiries
TSR	*Trinity Seminary Review*
USQR	*Union Seminary Quarterly Review*

각 주

제1장 이야기로서의 성경

1. 이 점에 관해서는 다음을 보라 : Mark Allan Powell, "The Bible and Modern Literary Criticism," in Betty A. O'Brien, *Summary of Proceedings : Forty-third Annual Conference of the American Libraries Association*(St. Meinrad, Ind. : ATLA, 1990), 78-94.
2. Edgar McKnight, *The Bible and the Reader : An Introduction to Literary Criticism*(Philadelphia : Fortress Press, 1985) ; Norman R. Petersen, "Literary Criticism in Biblical Studies,"in Richard Spencer, *Orientation by Disorientation. Studies in Literary Criticism and Biblical Literary Criticism Presented in Honor of William A. Beardslee*, PTMS 35(Pittsburgh : Pickwick Press, 1955), 25-

50.
3. Edgar Krentz, *The Historical-Critical Method*, GBS (Philadelphia : Fortress Press, 1975)를 보라.
4. Hans W. Frei, *The Eclipse of Biblical Narrative : A Study in Eighteenth and Nineteenth Century Hermeneutics* (New Haven, Conn. : Yale University Press, 1974)를 보라.
5. William A. Beardslee, *Literary Criticism of the New Testament*, GBS(Philadelphia : Fortress Press, 1969).
6. Funk, *Language, Hermeneutic, and the Word of God* (New York : Harper & Row, 1966) ; Via, The Parables : *Their Literary and Existential Dimension* (Philadelphia : Fortress Press, 1967) ; Crossan, *In Parables* (New York : Harper & Row, 1973).
7. Norman Perrin, "The Evangelist As Author : Reflections on Method in the Study and Interpretation of the Synoptic Gospels and Acts," BiblRes 17(1972) : 5-18, 특히 9-10.
8. Norman R. Petersen, *Literary Criticism for New Testament Critics*, GBS(Philadelphia : Fortress Press, 1978), 20.
9. Beardslee, Literary Criticism, 3.
10. Rene Welleck and Austin Warren, *Theory of Literature*, 3d ed. (San Diego : Hartcourt, Brace, Jovanovich, 1975), 20-28.
11. Erich Auerbach, *Mimesis : The Representation of Reality in Western Literature*, trans. W. Trask (Garden City, N. Y. : Doubleday and Co., 1957 ; 독일어판).
12. Meyer Howard Abrams, *A Glossary of Literary Terms*, 4th ed. (New York : Holt, Rinehart, and Winston, 1981), 117-19를 보라.

13. S. Bermann, "Revolution in Literary Criticism," *PAW* (Nov. 21, 1984) : 10. Cited by Tremper Longman, *Literary Approaches to Biblical Interpretation*(Grand Rapids, Mich. : Zondervan, 1987), 19.
14. Abrams, Glossary, 83.
15. 히르쉬(E. D. Hirsh)도 저자들은 그들이 의미에 대해서 알고 있는 것 이상을 의미한다는 사실을 인정한다. *Validity in Interpretation*(New Haven, Conn. : Yale University Press, 1967), 48, 51, 61을 보고, *The Aims of Interpretation*(Chicago : University of Chicago Press, 1976), 74-92의 보다 자세한 견해를 보라.
16. 다음을 보라 : Wayne Booth, *The Rhetoric of Fiction*, 2d ed. (Chicago : University of Chicago Press, 1983), 66-77 ; Seymour Chatman, Story and Discourse : *Narrative Structure in Fiction and Film*(Ithaca, N.Y. : Cornell University Press, 1978), 147-51 ; 그리고 부스(Booth)의 책 478-80, 511-12의 참고문헌에 수록된 용어들을 보라.
17. 누가복음과 사도행전도 동일한 저자가 기록한 두 권의 독립된 책이라기보다는, 단일작품의 두 부분으로 읽혀지고 있다.
18. 서사이야기는 그것이 '위원회에 의해서 구성되어졌거나(홀리우드 영화), 아니면 오랜 기간 동안 특정한 사람들에 의해서 구성되어졌다고 해도(많은 민속 서정시들)' 한 명의 내재된 저자를 갖는다(Chatman, Story and Discourse, 140).
19. 다음이 예외에 속한다 : Northrup Frye, *The Great Code* : The Bible and Literature(New York : Harcourt, Brace, Jovanovich, 1982) ; Frank Kermode, *The Genesis of Secrecy : On The Interpretation of Narrative*(Cambridge : Harvard University Press, 1979).
20. David Rhoads and Donald Michie, *Mark As Story : An Introduction to the Narrative of a Gospel*(Philadelphia : Fortress Press, 1982).

21. 이 책 이전에 되어진 가장 종합적인 연구는 Thomas E. Boomershine의 미간행 학위논문이었다 : "*Mark the Storyteller* : A Rhetorical−Critical Investigation of Mark's Passion and Resurrection Narrative"(Union Theological Seminary, New York, 1974). Werner Kelber의 *Mark's Story of Jesus* (Philadelphia : Fortress Press, 1979)도 역시 통찰력이 있는 책이지만, 전승사적인 측면에 지나치게 영향을 받았다.
22. Jack Dean Kingsbury, *The Christology of Mark's Gospel* (Philadelphia : Fortress Press, 1983).
23. R. Allan Culpepper, *Anatomy of the Fourth Gospel : A Study in Literary Design*(Phialdelphia : Fortress Press, 1983).
24. Rhoads, "Narrative Criticism and the Gospel of Mark," *JAAR* 50(1982) : 411−34. 이 논문은 원래 1980년에 개최된 제10회(이면서 마지막인) SBL 마가복음 세미나에서 발표되었다. 서사비평의 발전을 유도한 많은 작업들이 이 세미나에서 되어졌으며, 초대 회장은 노만 페린(Norman Perrin)이었고, 그 다음에는 켈버(Werner Kelber)가 맡았다. 로드스는 토마스 부머샤인(Thomas Boomershine), 조안나 듀이(Joanna Dewey), 로버트 파울러(Robert Fowler), 노만 페터슨(Norman Petersen), 로버트 탄네힐(Robert Tannehill), 그리고 메어리 앤 톨버트(Mary Ann Tollbert)가 새로운 학문의 발전에 특별히 영향을 미친 세미나의 회원들이었다고 기록하고 있다.
25. Jack Dean Kingsbury, *Matthew As Story*(Philadelphia : Fortress Press, 1986) ; Robert Tannehill, *The Narrative Unity of Luke−Acts : A Literary Interpretation*, 2 vols. (Philadelphia and Minneapolis : Fortress Press, 1986, 1990).
26. 다섯 번째 학자인 노만 페터슨 역시 언급되어야만 한다. 그의 논문 "Point of View in Mark's Narrative," *Semeia* 12 (1978) : 97−121과 "Story Time and Plotted Time in Mark's Gospel"(*Literary Criticism for New Testament Critics*의 3장)은

지대한 영향을 미쳤다. 그가 서사적인 책을 온전히 연구하지는 않았다 할지라도, 페터슨은 이 운동의 선구 이론자로서 여러 가지 방면에서 많은 기여를 했다.

27. 이 책의 여기저기에서 나는 성경연구의 최근 발전들에서 특별히 중요하게 여겨져 온 문학비평의 다양성들에 초점을 맞추고 있다. 스티븐 무어(Stephen Moore)는 "학자들은 일반 문학비평이 텍스트의 통일성 탐구와 이야기 세계의 분석만을 하는 학문이라는 인상을 일반적으로 갖고 있는데", 이러한 생각은 사실 "이것들(텍스트의 통일성, 이야기 세계의 분석 등-역자주)이 최근 몇 년 동안에 가장 많이 다루어진 개념들이라는 점을 제외하고는 핵심에서 벗어난 것이다." 라고 말했는데, 이 말은 옳다. Moore, Literary Criticism and the Gospels : *The Theoretical Challenge*(New Haven, Conn. : Yale University Press, 1989), 11. 문학이론에 대한 충분한 논의를 하기에는 이 책으로는 불가능하다.

28. 이것은 '정경비평'(canonical criticism)이라고도 불려지고 있는데, 정경비평은 전형적인 역사적인 관심을 유지하고 있다는 점에서 서사비평과 다르다. Brevard S. Childs, *The New Testament As Canon : An Introduction*(Philadelpia : Fortress Press, 1988) ; James A. Sanders, *Canon and Community* : A Guide to Canonical Criticism, GBS (Philadelphia : Fortress Press, 1984).

29. '구성비평'(composition criticism)은 편집비평의 한 면인데, 전승의 단위들이 전체 작품에서 어떻게 배치되고 배열되었는지를 살핀다. 하지만 이야기의 통일성보다는 신학적인 관점의 통일성에 더 관심을 기울인다. Moore, *Literary Criticism*, 4-7을 보라.

30. Murrary Krieger, *A Window to Criticism : Shakespeare's Sonnets and Modern Poetics*(Princeton : Princeton University Press, 1964), 3.

31. John Austin의 *How To Do Things With Words*, 2d ed., (Cambridge : Harvard University Press, 1975)도 많은 영향을 미쳤

다. 다음을 보라 : Abrams, *Glossary*, 181−83 ; Chatman, *Story and Discourse*, 161−66 ; Hugh C. White, ed. *Speech Act Theory and Biblical Criticism*, Semeia 41 (1988).
32. Petersen, *Literary Criticism for New Testament Critics*, 11−20.
33. Ibid., 24−48 ; Paul Hernadi, "Literary Theory : A Compass for Critics," CritInq 3(1976) : 369−86.

제2장 독서방법들

1. Abrams, *Glossary*를 보라.
2. Abrams, *The Mirror and the Lamp : Romantic Theory and the Critical Tradition*(New York : W. W. Norton, 1958), 8−29.
3. 이 운동들에 대한 비교분석을 위해서는 Mark Allan Powell의 "Types of Readers and Their Relevance for Biblical Hermeneutics," *TSR* 12(1990)를 보라.
4. Daniel Patte, *Structural Exegesis for New Testament Critics*, GBS(Minneapolis : Fortress Press, 1989).
5. Propp, *Morphology of the Folktale*, trans. L. Scott, 2d ed. (Austin : University of Texas, 1968 ; 러시아판 1928).
6. Patte, *The Gospel According to Matthew : A Structural Commentary on Matthew's Faith*(Philadelphia : Fortress Press, 1987).
7. 다음을 보라 : George Kennedy, *New Testament Interpretation Through Rhetorical Criticism*(Chapel Hill : University of North Carolina Press, 1984) ; Burton Mack, *Rhetoric and the New Testament*, GBS(Minneapolis : Fortress Press, 1989).
8. *Art of Poetry*.

9. *Orator* 69.
10. *The "Art" of Rhetoric*, 3.1.1358a. *The Poetics*도 보라.
11. Lloyd Bitzer, "The Rhetorical Situation," *PhilRhet* 1 (1968) : 1-14, 특히 5-6.
12. 하지만 수사비평은 이장의 여기저기에서 묘사하고 있는 독자-반응 비평과는 다르다. 수사비평이 텍스트를 그 원래 의도된 독자들의 관점에서 이해하려고 하는 반면, 독자-반응 방법은 텍스트가 현대 독자들에게 미치는 영향을 이해하려고 한다.
13. 마가복음을 수사학적인 관점에서 전체 문학 단위로 연구하려는 두 번의 시도가 있었다. Burton Mack, *A Myth of Innocence : Mark and Christian Origins* (Philadelphia : Fortress Press, 1988)과 Vernon K. Robbins, *Jesus the Teacher. A Socio-rhetorical Interpretation of Mark* (Philadelphia : Fortress Press, 1984)를 보라.
14. Betz, *Galatians : A Commentary on Paul's Letter to the Churches in Galatia*, Hermeneia (Philadelphia : Fortress Press, 1979).
15. Kennedy, *New Testament Interpretation*, 39-85, 97-113.
16. 다음을 보라 : Robert Detweiler, ed., *Reader-Response Approaches to Biblical and Secular Texts. Semeia* 31 (1985) ; Robert M. Fowler, *Let the Reader Understand : Reader-Response Criticism and the Gospel of Mark* (Bloomington : Indiana University Press, 1989) ; McKnight, *Bible and the Reader*, 75-134 ; *Post-Modern Use of the Bible : The Emergence of Reader-Oriented Criticism* (Nashville : Abingdon Press, 1988) ; James Resseguie, "Reader-Response and the Synoptic Gospels," *JAAR* (1982) : 411-34.
17. Robert Scholes and Robert Kellogg, *The Nature of Narrative* (New York : Oxford University Press, 1966), 4.

18. 그 조직은 Resseguie, "Reader-Response and the Synoptic Gospels,"와 Susan Suleimann, "Varieties of Audience-Oriented Criticism," in S. Suleimann and I. Crossman, *The Reader in the Text : Essays on Audience and Interpretation*(Princeton : Princeton University Press, 1980), 3-21에 힘입은 바 크다. 레스귀는 본서에 로마숫자로 표기해 놓은 3대 유형들에 대해서 상세하게 언급한다. 슐레이만은 독자-반응 비평을 여섯 가지 유형, 즉 수사비평, 구조비평, 현상학, 심리분석, 사회학, 그리고 해석학적인 것으로 분류한다.
19. Cf. John Dominic Crossan, ed., *Derrida and Biblical Studies, Semeia* 23(1982).
20. Longman, *Literary Approaches*, 41.
21. Holland, *The Dynamics of Literary Response*(New York : W. W. Norton, 1968) ; *Five Readers Reading*(New Haven, Conn. : Yale University Press, 1975) ; "*A Transactive Account of Transactive Criticism,*" *Poetics* 7(1978) : 177-89. 심리분석적인 개념을 차용하는 다른 문학이론들은 David Bleich와 Harold Bloom에 의해서 발전되어 왔다. Bleich, *Subjective Criticism*(Baltimore : John Hopkins University Press, 1978)과 Bloom, *Kabbalah and Criticism*(New York : Continuum, 1983)을 보라.
22. Fish, *Is There a Text in This Class? The Authority of Interpretive Communities*(Cambridge : Harvard University Press, 1980). 피쉬가 구조주의에 가까운 모습을 보이기는 해도, 나는 그의 견해를 '텍스트보다 독자를 우선하는' 유형으로 규정하는데, 그것은 피쉬가 해석공동체를 비평적인 동의보다 앞선 것으로 규정하기 때문이다.
23. Fish, "Literature in the Reader : Affective Stylistics," in *Self-Consuming Artifacts*, (Berkeley and Los Angeles : University of Carolina Press, 1972), 383-427. 피쉬는 후에 감성

문체론이 해석공동체가 선택해서 사용할 수 있는 유일한 전략이며, 그것은 독자를 텍스트보다 우선적인 것으로 간주하는 선택에서 제 기능을 발휘한다고 결론지었다.

24. Wolfgang Iser의 *The Act of Reading : A Theory of Aesthetic Response* (Baltimore : Johns Hopkins University Press, 1978)와 *The Implied Reader : Patterns of Communication in Prose Fiction from Bunyan to Beckett* (Baltimore : Johns Hopkins University Press, 1974)를 보라.
25. Cf. Jack D. Kingsbury, "Reflections on 'the Reader' of Matthew's Gospel," *NTS* 34(1988) : 442−60 ; Robert M. Fowler, "Who is 'the Reader' in Reader−Response Criticism?" *Semeia* 31(1985) : 5−23.
26. Chatman, *Story and Discourse*, 149−50.
27. Kingsbury, *Matthew As Story*, 38.
28. 이러한 독서방식은 코울리치(Coleridge)가 말한 '불신의 의도적인 연장'(a willful suspension of disbelief)을 요구한다. 이와 비슷하게, 폴 리꾀르(Paul Ricoeur)는 '두 번째 순수함의 채용'(the adoption of a second naivete)에 대해서 말한다. *The Symbolism of Evil*, trans. E. Buchanan(New York : Harper & Row, 1967), 351을 보라.
29. 킹스베리의 *Matthew As Story*를 리차드 에드워즈(Richard Edwards)의 *Matthew's Story of Jesus*(Philadelphia : Fortress Press, 1985)와 비교해 보라. 중요한 차이점은 에드워즈가 첫 번 독자를 생각한다는 것이다.
30. 부스의 *Rhetoric of Fiction* 제2판의 후기, 특히 421−31을 보라. 그리고 *Diacritics* 10(1980) : 57−74에 실린 부스와 노만 홀랜드가 이저와 한 인터뷰 내용을 보라.

제3장 이야기와 담론

1. 노만 페터슨은 바울서신이 편지 배후에 이야기들을 담고 있다면 문학적인 분석의 대상이 될 수 있다고 제안한다. *Rediscovering Paul : Philemon and the Sociology of Paul's Narrative World*(Philadelphia : Fortress Press, 1985)를 보라.
2. Chatman, *Story and Discourse*, 15-42.
3. Ibid., 3.
4. Jack D. Kingsbury, "The Figure of Jesus in Matthew's Story : A Literary-Critical Probe," *JSNT* 21(1984) : 3-36, 특히 4-7. Cf. *Matthew As Story*, 34, n.118.
5. 이것은 사단의 관점이 항상 부정확하다는 것을 의미하지는 않는다. 예를 들어, 귀신들은 예수를 하나님의 아들이라고 정확히 알고 있었지만(막 1:24, 3:11, 5:7), 그들은 그들의 지식대로 행하지 못했으며, 하나님의 아들인 예수에 대한 그들의 태도 역시 그릇되었다. 평가관점의 문제는 단순히 정확성보다도 더 넓은 진리의 언급을 가정한다.
6. Cf. Petersen, "Point of View in Mark's Narrative."
7. Booth, *Rhetoric of Fiction*, 3-4.
8. 예를 들어, 어떤 사람이 '여호와의 목전에 악을 행했다' 또는 '여호와 보시기에 옳은 일을 했다'는 것을 강조하기 위해서, 신명기 역사서의 해설자가 간혹 반복해서 사용하는 해설에 주의를 기울이라. 누가복음 1:6까지도 전혀 외람된 것은 아니다.
9. 예를 들어, 요한복음 3장에서 언제 예수의 말씀이 끝나고, 언제 해설자의 소리가 시작되는지를 밝히기란 불가능한 일이다. Culpepper, *Anatomy of Fourth Gospel*, 34-43을 보라.
10. 제임스 도지(James Dawsey)는 누가복음이 신뢰할 수 없다고 드러난 해설자를 채용했다고 주장했다. *The Lukan Voice. Confusion and Irony in the Gospel of Luke*(Macon, Ga. : Mercer University Press, 1988)을 보라. 그의 논지는 다른 서사비평가들에

의해서 주목을 받지 못했다(Tannehill, *Narrative Unity* vol. 1, p. 7, n.4).
11. 내재된 저자와 해설자를 구별하는 것은 해설자가 신뢰할 만하다고 여겨질 때는 그렇게 중요한 문제가 아닌데도, 그 둘을 구별하려는 시도가 여전히 되고 있다. 예를 들어, 마가복음의 독자는 내재된 저자가 그렇게 전능하다고 생각하지 않으면서도, 해설자가 거의 전능하다는 사실을 용납할 수 있는 것이다.
12. William D. Edwards, Wesley J. Gabel, and Floyd E. Hosmer, "On the Physical Death of Jesus Christ," *JAMA* 255(1986) : 1455−63, 특히 1456. Cf. Roland Mushat Frye, "Language for God and Feminist Language : A Literary and Rhetorical Analysis," *Int* 43(1989) : 45−57, 특히 56.
13. Culpepper, *Anatomy of Fourth Gospel*, 165.
14. Ibid., 181.
15. *Metaphor and Reality*, (Bloomington : Indiana University Press, 1962), 99−110.
16. John Darr, " 'This Fox : A Literary Interpretation of Jesus' Epithet for Herod in Luke 13 : 32," 1988년 SBL 연례회의에 제출된 미간행 논문, 공관복음서 부분.
17. Boris Uspensky, *A Poetics of Composition : The Structure of the Artistic Text and Typology of a Compositional Form*(Berkeley and Los Angeles : University of California Press, 1973).
18. Scholes and Kellogg, *Nature of Narrative*, 240.
19. D. C. Mueke, *The Compass of Irony*(London : Methuen, 1969), 19−20.
20. 이것은 그가 '고정된 아이러니'(stable irony)라고 부르는 것에 관한 한 사실이다. *A Rhetoric of Irony*(Chicago : University of Chicago Press, 1974), 5−6을 보라.
21. Paul Duke, *Irony in the Fourth Gospel*(Atlanta : John Knox

Press, 1985), 2.
22. Cf. Culpepper, *Anatomy of Fourth Gospel*, 169-75.
23. Cf. Rhoads and Michie, *Mark As Story*, 60.
24. 이러한 실마리에 대한 충분한 논의에 대해서는 Wayne Booth, *A Rhetoric of Irony*(Chicago : University of Chicago Press, 1974), 47-90을 보라.
25. Ibid., 10-13. 부스는 음성적인 아이러니의 인식에 관한 이 네 단계를 상세히 밝히고 있다. 상징이나 상황적 아이러니의 경우에서 첫 단계는 전적으로 문학적인 의미의 배제를 수반하기도 한다.
26. Ibid., 12.
27. Chatman, *Story and Discourse*, 229.
28. Duke, *Irony in Fourth Gospel*, 38-39.
29. Culpepper, *Anatomy of Fourth Gospel*, 151.
30. David Bauer, *The Structure of Matthew's Gospel : A Study in Literature Design*, JSNTSS 31/BALS 15 (Sheffield : Almond Press, 1988), 13-20을 보라. Cf. Robert Traina, *Methodiogical Bible Study : A New Approach to Hermeneutics*(Grand Rapids, Mich. : Zondervan, 1985 ; 1952년에 초판발행), 50-59 ; Howard Kuist, *How to Enjoy the Bible*(Richmond : John Knox Press, 1939) ; *These Words Upon Thy Heart : Scripture and the Christian Response* (Richmond : John Knox Press, 1947), 80-87, 159-81.
31. Rhoads and Michie, *Mark As Story*, 47-49. 그들은 그 방법을 '두 단계 진보'(two-step progression)라고 부른다.
32. Joanna Dewey, "The Literary Structure of the Controversy Stories in Mark 2 : 1-3 : 6," *JBL* 92(1973) : 394-401의 '집중적인 형태들'(concentric patterns)에 대한 분석을 보라. Cf. Rhoads and Michie, *Mark As Story*, 51-54.
33. Bauer, *structure of Matthew*, 19-20.

제4장 사건

1. Chatman, *Story and Discourse*, 43-44.
2. Ibid., 45.
3. 나는 채트맨이 해석하고 있는 바르트(Barthes)를 말한다(*Story and Discourse*, 53-56). 핵심과 주변이라는 용어는 바르트의 *noyau*와 *catalyse*를 채트맨이 번역한 것이다.
4. Chatman, *Story and Discourse*, 55-56.
5. Gerard Genette, *Narrative Discourse : An Essay in Method*(Ithaca, N.Y. : Cornell University Press, 1975).
6. 더 상세한 언급에 대해서는 다음을 보라 : Genette, *Narrative Discourse*, 33-85 ; Culpepper, *Anatomy of Fourth Gospel*, 54-70 ; Robert W. Funk, *The Poetics of Biblical Narrative*(Sonoma, California : Polebridge Press, 1988), 187-206.
7. 구원사에 대한 보다 전통적인 용어를 사용하기 위해서 마태는(지상적이고 승귀된) 예수의 시대를 '약속'의 옛 시대와는 구별되는 '완성'의 새로운 시대로 본다. Kingsbury, *Matthew : Structure, Christology, Kingdom*(Minneapolis : Fortress Press, 1989 ; 초판은 1975년에 출판되었다), 25-36.
8. Genette, *Narrative Discourse*, 86-112. Cf. Chatman, *Story and Discourse*, 67-78.
9. Genette, *Narrative Discourse*, 113-60. Cf. Chatman, *Story and Discourse*, 78-79.
10. Edward Morgan Forster, *Aspects of the Novel*(New York : Hartcourt, Brace, Jovanovich, 1927), 86.
11. Chatman, *Story and Discourse*, 45-46.
12. 이러한 이유들이 암시적인 형태로도 전혀 언급되지 않을 때에도, 우리는 독자들이 이것들을 추론해 낼 것으로 기대해야만 하는가 하는 문제는 제랄드 프린스(Gerald Prince)와 슬로미스 림몬-케난

(Shlomith Rimmon-Kenan)에 의해서도 논의되어진다. Funk, *Poetics*, 52-58에 잘 요약되어 있다.
13. 이 용어가 여기서 사용되어지는 방식과 아리스토텔레스에 의해서 사용되어지는 방식에 차이가 있음에 유의하라. 아리스토텔레스는 에피소드적인 플롯을 '그 에피소드들이 아마도 또는 필연적으로 서로를 따르지 않는' 것으로 묘사한다(*Poetics* 9, 9).
14. 파울 굳맨(Paul Goodman)은 이러한 문학작품에 대해서 많이 인용되어지는 말을 한다 : "처음에 어떤 것이 가능하다. 중간에는 일들이 개연성이 있다. 끝에는 모든 것이 필연적이다." *The Structure of Literature*, (Chicago : University of Chicago Press, 1954), 14를 보라.
15. Chatman, *Story and Discourse*, 45.
16. Laurence Perrine, Story and Structure, 4th ed. (New York : Hartcourt, Brace, Jovonovich, 1974), 44.
17. Ibid.
18. Cf. Kingsbury, *Matthew As Story*, 73.
19. Cf. Norman R. Petersen, "When Is the End Not the End? Literary Reflections on the Ending of Mark's Narrative," *Int* 34(1980) : 151-66.
20. 이 문제에 대한 보다 충분한 논의를 위해서는, *NTS*에 발표된 나의 논문 "The Plot and Subplots of Matthew's Gospel"을 보라. 그리고 다음을 보라 : Bauer, *Structure of Matthew's Gospel*; Edwards, *Matthew's Story of Jesus*; Kingsbury, *Matthew As Story*; Frank Matera, "The Plot of Matthew's Gospel," *CBQ* 49(1987) : 233-53; Dan Via, "Structure, Christology and Ethics in Matthew," in Spencer, *Orientation By Disorientation*, 199-216.
21. Matera, "Plot of Matthew's Gospel," 243-46.
22. 이것들은 일반적으로 산상수훈(마 5-7장), 선교담론(9 : 35-10 : 42), 비유담론(13 : 1-52), 공동체담론(17 : 24-18 : 35), 그리고 종

말론적 담론(마 24-25장)으로 불린다.
23. Bauer, *Structure of Matthew's Gospel*, 73-108.
24. 예수께서 역시 '죄인들을 부르기 위해서'(9:13) 오신 한, 그는 그의 지상적인 삶과 사역을 통해서 사람들을 죄에서 구원하시는 목표를 상당히 성취하신 것이 사실이다. 하지만 마태의 서사이야기에서 그 목표는 궁극적으로는 예수의 십자가상에서의 죽음을 통해서만 성취되어진다.
25. 그래서 나는 마테라(Matera)의 견해에 부분적으로만 동의할 뿐이다. 대위임이 '새로운 시작'을 시초시킨다고 해도 '마태복음 전체의 절정'은 십자가상에서의 예수의 죽음이다. Ronald Witherup, "The Cross of Jesus: A Literary-Critical Study of Matthew 27," Ph.D. diss., Union Theological Seminary in Virginia, 1985.
26. 마태복음의 본질적인 기독론적 성격을 킹스베리만큼 잘 밝혀 낸 사람은 없다. 한 가지 흠은 그가 몇 가지 관점들을 너무나 견고하게 내세움으로써 그것들이 이제는 본문과는 고립되어 보인다는 점이다.
27. 킹스베리는 '이야기 행들'(story line)이라고 부르기를 좋아하는데, 그것은 모든 주요 등장인물들에게서 찾아볼 수 있다. *Matthew As Story*를 보라.
28. 마태복음 27:55-28:20을 상세하게 다룬 것으로는 Keith Howard Reeves, "The Resurrection Narrative in Matthew: A Literary-Critical Examination," Ph.D. diss., Union Theological Seminary in Virginia, 1988.
29. Bauer, *Structure of Matthew's Gospel*, 129-34; Kingsbury, *Matthew As Story*, 105-14.
30. 간혹 되어지는 완전히 상이한 플롯연구 방법을 여기서 논의하기에는 지면이 충분치 않다. 한 서사이야기의 플롯은 그 지지자들의 부침(浮沈)에 따라서 분석될 수 있다. 채트맨은 '코미디', '비극', '로망스' 등으로 플롯을 분류하는 데 사용되어 온 몇 가지 분류체

계들(taxonomy)을 나열하고 있다(*Story and Discourse*, 84-95). 하지만 그는 이러한 유형들을 '심히 의문스러운' 것으로 간주하고, 그래서 이 방법은 지금까지 복음서의 서사비평에는 그렇게 적극적으로 활용되어지지 않았다. Cf. Culpepper, *Anatomy of Fourth Gospel*, 80-84.

제5장 등장인물

1. Cf. Perrine, *Story and Structure*, 67.
2. Henry James, "The Art of Fiction," in *Partial Portraits* (London : MacMillan, 1888).
3. Chatman, *Story and Discourse*, 116-26.
4. Booth, *Rhetoric of Fiction*, 3-20.
5. Uspensky, *Poetics of Composition*, 8-100.
6. Ibid., 8.
7. Petersen, "Point of View in Mark's Narrative." Cf. J. M. Lotman, "Point of View in a Text," *NLH* 6(1975) : 339-52, 특히 343.
8. Chatman, *Story and Discourse*, 121. 이 부분에 나오는 Gordon W. Allport의 정의들을 보라.
9. 하나님에 대한 사랑의 결여는 누가복음 11 : 42에서 종교지도자들에게 명확히 부여되어지는 성격이다.
10. Forster, *Aspects of the Novel*, 103-18.
11. Abrams, *Glossary*, 185.
12. Ibid., 48.
13. Ibid., 49.
14. 이러한 현상은 마태복음에 가장 잘 기록되어 있는데, 마태복음에서는 특정한 칭호들이 때로 단일 에피소드내에서도 설명할 수 없을 정도로 변한다(cf. 21 : 23, 45). Sjef Van Tilborg, *The Jewish Leaders in Matthew*(Leiden : Brill, 1972), 171-72를 보라. 마

가와 누가는 좀더 주의깊지만, 여기에서도 '서기관들'은 두 복음서 전체에 걸쳐서 누구를 가리키는지가 불분명하며, 실제로 모든 다른 그룹들과 결합되어서 나타나고 있다.
15. 예를 들어, 다음을 보라 : Jack Dean Kingsbury, "The Developing Conflict Between Jesus and the Jewish Leaders in Matthew's Gospel : A Literary-Critical Study," *CBQ* 49(1987) : 57-73 ; Mark Allan Powell, "The Religious Leaders in Luke : A Literary-Critical Study," *JBL* 109(1990) : 103-20 ; Stephen H. Smith, "The Role of Jesus' Opponents in the Markan Drama," *NTS* 35(1989) : 161-82. 소집단들에 대해서는 다음을 참고하라 : Elizabeth Struthers Malbon, "The Religious Leaders in the Gospel of Mark : A Literary Study of Markan Characterization," *JBL* 108(1989) : 259-81 ; John T. Carroll, "Luke's Portrayal of the Pharisees," *CBQ* 50(1988) : 604-21.
16. 누가가 종교지도자들을 18 : 10-14의 예수의 비유의 청중들이라고 구체적으로 밝히지 않아도, 그 비유는 자체적으로도 종교지도자를 18 : 9에 나열된 성격을 보여 주는 전형적인 인물임을 알려 준다.
17. 마태복음의 이 구절들을 상세히 분석해 놓은 것을 보기 위해서는 Mark Allan Powell, "The Religious Leaders in Matthew : A Literary Critical Approach," (Ph.D. diss., Union Theological Seminary in Virginia, 1988), 177-82를 보라. 마가복음에 관해서는 Joanna Dewey, *Markan Public Debate : Literary Technique, Concentric Structure and Theology in Mark 2 : 1-3 : 6,* SBLDS 48(Chicago, Calif. : Scholars Press, 1980)을 보라. 누가복음에서는 그 형태가 그렇게까지 완벽하게 나타나지는 않지만, 그래도 식별은 가능하다.
18. 누가복음에서 그들은 예수의 제자들이 아닌 예수에게만 직접적인 비평을 하지 않는다(cf. 5 : 30, 6 : 2).
19. Gerhard Barth, "Matthew's Understanding of the Law,"

in Günther Bornkamm, Gerhard Barth, and H. J. Held, *Tradition and Interpretation in Matthew*, trans. P. Scott (Philadelphia : Westminster, 1963), 105-12.
20. 이 점, 그리고 이어서 나오는 마가복음의 인물성격에 대한 논의는 Kingsbury, *Conflict in Mark : Jesus, Authorities, Disciples*(Minneapolis : Fortress Press, 1989), 14-21에 많은 도움을 받았다.
21. 메이어 스턴버그(Meir Sternberg)는 '일차적인 효과'(the primary effect)의 문학적인 중요성에 대해서 말하는데, 이것에 의해서 초기에 서사이야기에 전달되어진 정보가 독자의 인식을 최대한 비판적으로 형성시켜 준다. *Expositional Modes and Temporal Ordering in Fiction*(Baltimore : John Hopkins University Press, 1978), 102-04를 보라.
22. Kingsbury, *Matthew As Story*, 19.
23. 예수께서 누가복음에서 그들을 악하다고 부르시는 것에 가장 근접한 표현은 그들이 악으로 가득 차 있다는 것이다(11 : 39). 여기서 핵심은 그들의 근본적인 성격을 묘사하는 것이 아니고, 외모는 믿을 수 없을 만큼 깨끗한데도 거짓말을 한다는 것이다. 더구나 그 악독함은 그들이 깨끗케 할 수 있는 어떤 것이다(11 : 40).
24. 이것은 23 : 2-3이 아이러니컬하게 여겨지는 것으로 생각한다. 8 : 18-22에 관해서는, Jack Dean Kingsbury, "The 'Eager' Scribe and the 'Reluctant' Disciple(Matt. 8 : 18-22)," *NTS* 34(1988) : 45-59를 보라.
25. 물론 어떤 사람들, 특히 사울(바울)이 사도행전에 그렇게 한다. 누가 역시 그의 복음서에서 그들의 이야기를 '예외적인 것들'(exceptions)로 규정하고 괄호로 묶어 놓음으로써, 종교적인 지도자들에 대해 얼마만큼의 희망을 품게 한다. 사가랴와 아리마대 요셉은 그 이야기의 첫 번째와 마지막에 등장하는 종교지도자들인데, 그들은 명백히 '의롭다'고 성격지워지며(1 : 6, 23 : 50), 그래서 이들은 종교지도자들에 대한 묘사가 이야기의 어디에서나 절대적인

것으로 여겨질 필요가 없다는 사실을 상기케 해 준다.
26. Cf. Tannehill, *Narrative Unity*, vol. 1, 8−9.
27. Kingsbury, *Conflict in Mark*, 66−67.

제6장 배경

1. Cf. Rhoads and Michie, *Mark As Story*, 63.
2. Chatman, *Story and Discourse*, 138−41. 채트맨은 생물학, (이름을 소유한) 정체성, 그리고 명확히 구별하기 위해서 플롯에 부여하는 중요성(significance) 등으로 분류하는 것이 타당성이 없다고 말한다. 마찬가지로 웨슬리 코트(Wesley Kort)는 '인간의 영향, 수정, 그리고 통제를 넘어서 있는' 요소들로서의 배경에 관심을 기울였다. Kort, *Narrative Elements and Religious Meanings* (Philadelphia : Fortress Press, 1975), 20−21을 보라. 하지만 이러한 정의는 그가 '환경'(atmosphere)이라고 부르는 것에게만 적용된다. 그리고 예를 들어, 보트와 보트를 젓는 사람을 구별하는 것에는 적용되지 않는다. 내 견해로는, 보트는 그것이 특별한 관점을 지지하지 않는다면 배경이라고 불릴 수 있고, 특별한 관점을 지지하면 등장인물로 불릴 수 있다.
3. Rhoads and Michie, *Mark As Story*, 63.
4. Chatman, *Story and Discourse*, 141.
5. Abrams, *Glossary*, 175.
6. Mieke Bal, *Narratology : Introduction to the Theology of Narrative*(Toronto : University of Toronto Press, 1985), 45−46, 94.
7. 문학비평가들은 이러한 묘사들이 적절하다고는 생각하지 않는다. D. S. Bland, "Endangering The Reader's Neck : Background Description in the Novel," in Phillip Stevick, *The Theory of the Novel*(New York : Free Press, 1964), 313−31을 보라.

8. Bal, *Narratology*, 94.
9. Funk, *Poetics*, 141.
10. *The Jewish War* 5.212-14. David Ulansey, "The Heavenly Veil Torn : Cosmic Symbolism in the Gospel of Mark," (1988년 SBL 연례회의에 제출된 미간행논문, 공관복음서 부분).
11. 유형론적인 대상들은 헬라어에서 부사적인 소유격의 사용과 단순히 일치되지 않는다. 지역적인 경우는 마가복음 3 : 2에서 사용되어진다. 그러나 문맥은 그 지칭대상이 시간적인 배경과 관련되어서 우선적으로 유형론적임을 보여 준다.
12. 예를 들면, 마태복음에서 에피소드들은 대개 '그때'라는 한 단어로 시작된다. 마가복음에서는 '곧'이라는 단어를 택해서 사용한다.
13. 이 두 여인 사이의 아이러니컬한 연결은, 피의 흐름이 월경을 가리키고 또 열두 살을 대략 임신가능해지는 때를 카리키는 것으로 이해한다면, 더 강력해질 것이다. Cf. Herman C. Waetjen, *A Reordering of Power : A Socio-Political Reading of Mark's Gospel*(Minneapolis : Fortress Press, 1989), 122.
14. Paul Ricoeur, *Time and Narrative*, 3 vols. (Chicago : University of Chicago Press, 1984, 1986, 1988)를 보라. 기념적인 시간의 개념은 두 번째와 세 번째 책에서 주로 전개되고 있다.
15. Rhoads, "Narrative Criticism", 413.
16. Rhoads and Michie, *Mark as Story*, 63-72, 특히 65-67.
17. Elizabeth Struthers Malbon, *Narrative Space and Mythic Meaning in Mark*(San Francisco : Harper & Row, 1986). 말본은 레비-스트라우스의 구조 분석체계를 활용한다.
18. Sean Freyne, *Galilee, Jesus, and the Gospels : Literary Approaches and Historical Investigations*(Philadelphia : Fortress Press, 1988), 33-68도 보라.
19. Rhoads and Michie, *Mark As Story*, 64-65.
20. Ibid., 64.
21. Dan Via, *The Ethics of Mark's Gospel in the Middle of*

Time(Philadelphia : Fortress Press, 1985).
22. Genette, *Narrative Discourse*, 72.
23. 누가복음-사도행전에 있는 것처럼, 몇 개월(Cf. 눅 1 : 56)이나 심지어 몇 년(행 11 : 26, 18 : 11)이 소요되는 사건들에 대한 언급은 마가복음에는 없다. 심지어 마가복음 5 : 25는 발화되는 이야기 안에서 흐르는 시간에 대해서도 언급하지 않는다.
24. 예수께서 오셔서 주의 신원의 해를 선포하시는 누가복음의 이야기와 비교해 보라(4 : 19).
25. 마가복음 1 : 35과 16 : 2에서 헬라어 표현은 lian(매우)과 proi(일찍이 또는 아침에)가 결합되어 있다. 1 : 35에서는, 이것은 명백히 일출 이전의 시간을 가리킨다. 그리고 16 : 2에서는 일출 직후의 시간을 가리킨다.
26. Bruce Malina, *The New Testament World. Insights From Cultural Anthropology*(Atlanta : John Knox Press, 1981)를 보라. 말리나는 존경과 수치에 부여된 핵심적인 가치, 개인주의의 결여, 제한된 물자에 대한 경제적인 인식, 친족과 결혼의 장소, 그리고 1세기 지중해 사회에서의 정함과 부정함에 대한 이해를 논급하고 있다.
27. Waetjen, *Reordering of Power*, 117-18.
28. 이러한 운동들에 대해서는, Richard Horsely와 John Hanson이 쓴 *Bandits, Prophets, and Messiahs. Popular Movements at the Time of Jesus*(San Francisco : Harper & Row, 1985)를 보라.

제7장 성서로서의 이야기

1. Robert Karris, *Luke : Artist and Theologians. Luke's Passion Account As Literature*. TI(New York : Paulist Press, 1985).
2. William Farmer, "Source Criticism : Some Comments on

the Present Situation," USQR 42(1988) : 49-57, 특히 53. 파머의 언급은 내가 구성비평이라고 부르려 하는 문학연구에 대한 것이지만, 그의 관점은 분명히 서사비평에 적용된다.
3. 예를 들면, Theodore Weeden, *Traditions in Conflict* (Philadelphia : Fortress Press, 1971)를 보라.
4. 예를 들면, Ernest Best, *Disciples and Discipleship : Studies in the Gospel According to Mark*(Edinburgh : T & T Clark, 1986)을 보라.
5. Colin E. Gunton, *Enlightenment and Alienation : An Essay Towards a Trinitarian Theology*(Grand Rapids, Mich. : Eerdmans, 1985), 111.
6. 그 구절은 루터가 성서의 '문자적 의미'라는 것으로 말하려고 했던 것과 대충 일치한다. 루터는 '문자적으로 사실인 것'과 '역사적으로 정확한 것'을 동등시하려고 하지는 않는다. 프라이의 견해를 요약해 놓은 것을 보려면, Garret Green, *Scriptural Authority and Narrative Interpretation*(Philadelphia : Fortress Press, 1987), 59-78에 수록된 Kathryn E. Tanner, "Theology and the Plain Sense"를 보라.
7. 서사비평은 이런 문제를 비신화화에 관한 불트만의 생각과 전혀 상반되는 방식으로 다룬다. 불트만은 신화적인 골격을 실존주의 철학의 범주들로 해석함으로써, 텍스트들로부터 도덕적이고 또한 철학적인 진리를 추출해 내려고 시도한다. 서사비평은 텍스트의 의미를 그것이 표현되어지는 형태와 분리될 수 없는 것으로 간주한다. 그래서 이야기(신화와 모든 것)를 우리가 그 안으로 들어가고 경험하는 세계로 파악한다. Lynn Poland, *Literary Criticism and Biblical Hermeneutics*, AARAS 48(Chico, Calif. : Scholars Press, 1985), 22-53을 보라.
8. 본서의 제5장에서 다룬 마태복음의 종교지도자들에 대한 논의를 보라.
9. Allan Culpepper, "Story and History in the Gospels,"

RevExp 81(1984) : 476-77, 특히 473.
10. 예를 들어, 트렘퍼 롱맨(Tremper Longman)은 텍스트가 분명히 사실대조적이며, 그 역사적인 묘사에는 '틀림이 없다'고 주장하면서, 한편으로는 성경을 현대의 문학적인 방법으로 연구하는 것도 수용한다. 다른 한편으로, 샐리 맥패이그(Sally McFague)는 성경이 '우리에게 계속해서 말하는 문학적인 고전'이라는 점에서만 권위를 가진 것으로 간주하기 때문에, 성경에 대한 문학적인 접근을 선호한다. H. Conn, *Inerrancy and Hermeneutic. A Tradition, A Challenge, A Debate*(Grand Rapids, Mich. : Baker Book House, 1988), 137-49에 수록된 Longman, "Storytellers and Poets in the Bible. Can Literary Artifice Be True?" ; McFague, *Speaking in Parables*(Philadelphia : Fortress Press, 1975) ; idem, *Metaphorical Theology : Models of God in Religious Language*(Philadelphia : Fortress Press, 1982)를 참고하라.
11. Lonnie Kliever, *The Shattered Spectrum : A Survey of Contemporary Theology*(Atlanta : John Knox Press, 1981), 156.
12. Culpepper, "Story and History," 470.
13. Ibid., 474.
14. Culpepper, *Anatomy of Fourth Gospel*, 8-11과 Longman, *Literary Approaches*, 47-58을 보라.
15. Karl Ludwig Schmidt, *Der Rahmen der Geschichte Jesu* (Darmstadt : Wissenschaftliche Buchgesellschaft, 1964, 초판은 1919년에 출간).
16. Roland Mushat Frye, "A Literary Perspective for the Criticism of the Gospels," in D. G. Miller and D. Y. Hadidian, *Jesus and Man's Hope*(Pittsburg : Pittsburg Theological Seminary Press, 1971), 192-221, 특히 220 n. 42.
17. Stephen Moore, "Are the Gospels Unified Narratives?" in

SBL 1987 Seminar Papers, (Atlanta, Ga. : Scholars Press, 1987), 443-58.
18. Petersen("Point of View in Mark's Narrative," 104)과 Moore ("Are the Gospels Unified Narratives?" 452 n.56)의 주장과는 다르다.
19. 탄네힐(Narrative Unity)과 도지(Lukan Voice)는 둘 다 독자가 누가복음 1~2장과 누가복음 나머지 부분 사이의 명백한 불일치를 어떻게 해석하는지를 정연하게 설명하고 있다(나는 탄네힐의 주장에 동의한다). 무어("Are the Gospels Unified Narratives?")는 이러한 입장들을 제시하고, 둘 다 누가저작의 통일성을 확립하기에는 부적합하다는 사실을 발견한다. 하지만 문제는 그 이야기를 통일성있는 것으로 읽는 사람이 거기에 나타나는 불일치를 어떻게 해소시켜 나가느냐 하는 것을 묘사하는 것이다.
20. Auerbach, Mimesis. 본서의 1장에 논의된 것을 보라.
21. Frye, The Great Code, 46-47.
22. Christopher Tuckett, Reading the New Testament. Methods of Interpreatation(Philadelphia : Fortress Press, 1987), 174-75.
23. Ibid., 175, 179-80.
24. 어떤 문학비평가들은 새로운 학문에 경도되어서 전통적인 방법을 멸시하기도 했다. 이 '수사학적인 충격 요법'(rhetorical shock tactics)도 역시 일반문학진영에서 신비평의 초기 지지자들에 의해서 사용되었다가, 후에는 바로 그들에 의해서 거부되었다. McKnight, Bible and the Reader, 3-4를 보라.
25. Poland, Literary Criticism, 4.
26. Iser, The Implied Reader. 그 용어는 정의되지 않은 채 종종 사용된다(주제 색인에 수록된 항목들을 보라).
27. 학자들은 대체로 '마가복음이 기록된 것이 주후 70년의 예루살렘 멸망 전인가 아니면 멸망 후인가' 하는 역사적인 문제들이 서사비평에서는 적합하지 못하다고 생각하지만, 이것은 그러한 경우는 아

난 것으로 보인다. 웨인 부스는 케네디 대통령이 암살당할 것이라는 사실을 독자들이 알기만 한다면, 재난이 임박했다는 느낌을 갖게 하는 1960년대 초에 출판된 소설들을 인용한다(*Rhetoric of Fiction*, 423). 이와 비슷하게 마가복음의 의도된 문학적인 효과에 대한 주장들은 이 서사이야기가 독자들이 예루살렘에 어떤 일이 일어날 것인지를 알고 있다고 생각했는지에 대한 문제를 제기하는 것으로 보인다.

28. '지침'(index)이라는 용어는 구체성이나 확실성을 띠지 않는 어떤 것을 간접적으로 그리고 일반적으로 가리키는 것을 의미하기 때문에 도움이 된다. Kingsbury, "Reflections on 'the Reader'", 459를 보라.

29. 텍스트들이 실제로는 의미를 담고 있지 않으며, 그것을 읽는 사람들에게 효과를 가져다 줄 뿐이라는 볼프강 이저의 논지를 참고하라 : "텍스트는 독서과정에서 실현되어지는 잠재적인 효과를 대변한다"(*Act of Reading*, ix). 이와 비슷하게 불트만은 신약성경이 신앙 안에서 적합할 때 하나님의 말씀이 '된다'고 말하기를 즐겨했다. Poland, *Literary Criticism*, 32를 보라.

30. Poland, *Literary Criticism*, 20. 성서해석자로서의 루터에 대해서는, *Int* 37/3(July, 1983)을 보라.

31. Culpepper, "Story and History," 475.

32. Frei, *Eclipse of Biblical Narrative*.

33. Krister Stendahl, "Biblical Theology, Contemporary," IDB, vol. 1 : 418-31(Nashville : Abingdon Press, 1962)를 보라.

34. 이 용어는 Thomas Kuhn의 *The Structure of Scienltific Revolutions*, 2d ed.(Chicago : University of Chicago Press, 1970)에서 따왔다.

35. Leander Keck, "Will the Historical-Critical Method Survive?" in Spencer, *Orientation by Disorientation*, 115-27.

36. Culpepper, "Story and History," 473. 이러한 이유로 인해서 신학자들에게 '휴식공간'을 주기 위해서 또는 그들로 하여금 진리에 대한 '이상한 질문들에 빠져 들도록' 하기 위해서 이 방법을 사용할 때는, 이 방법은 그릇 사용되는 것이다. Green, "The Bible As... : Fictional Narrative and Scriptural Truth," in *Scriptural Authority and Narrative Interpretation* 79-96, 특히 80을 보라.
37. 스티븐 무어는 "이야기 중심의 비평가들은 복음서와 사도행전의 신학들의 체계적인 탐구를 이루고자 하는 어떤 경향도 지금까지 보여주지 않았다."고 말한다(*Literary Criticism*, 58). 이것은 그들이 자신들의 학문의 한계를 인식하기 때문은 아닐까?
38. 모리스 와일즈(Maurice Wiles)는 이러한 성경읽기가 기술적으로 가능하지만, 우리는 그렇게 만들어진 이야기를 '매우 나쁜 것'으로 간주해야만 할 것이라고 말한다. "Scriptural Authority and Theological Construction : The Limitations of Narrative Interpretation," in Green, *Scriptural Authority and Narrative Interpretation*, 42-58, 특히 48를 보라.
39. 이 유비는 론 할스(Ron Hals)가 나에게 제안한 것이다.

참고문헌

다양하면서도, 설명이 첨부된 도서목록이 필요하면, 다음을 보라 : Mark Allan Powell, *The Bible and Modern Literary Criticism : A Critical Assessment and Annotated Bibliography*(Westport, Conn. : Greenwood Press, 1991).

1. 일반 문학이론

Abrams, Meyer Howard. *A Glossary of Literary Terms.* 4th ed. New York : Holt, Rhinehart and Winston, 1981.
Bal, Mieke, *Narratology : Introduction to the Theory of Narrative.* Trans. C. von Boheemen. Toronto : University of Toronto Press, 1985.
Booth, Wayne. *The Rhetoric of Fiction* 2d ed. Chicago : University of Chicago Press, 1983.
Brooks, Peter. *Reading for the Plot : Design and Intention in*

Narrative. New York : Alfred A. Knopf, 1984.
Chatman, Seymour. *Story and Discourse : Narrative Structure in Fiction and Film*. Ithaca, N.Y. : Cornell University Press, 1978.
Forster, Edward Morgan. *Aspects of the Novel*. New York : Harcourt, Brace, Jovanovich, 1927.
Fowler, Roger, ed. *Style and Structure in Literature. Essays in the New Stylistics*. Ithaca, N.Y. : Cornell University Press, 1975.
Genette, Gerard *Narrative Discourse : An Essay in Method*. Trans J. Lewin. Ithaca, N.Y. : Cornell University Press, 1980.
Harvey, W.J. *Character and the Novel*, Ithaca, N.Y. : Cornell University Press, 1965.
Iser, Wolfgang. *The Act of Reading : A Theory of Aesthetic Response*. Baltimore : Johns Hopkins University Press, 1978.
Iser, Wolfgang. *The Implied Reader : Patterns of Communication in Prose Fiction from Bunyan to Beckett*. Baltimore : Johns Hopkins University Press, 1974.
Kermode, Frank. *The Art of Telling. Essays on Fiction*. Cambridge : Harvard University Press, 1983.
Kermode, Frank. *The Sense of an Ending : Studies in the Theory of Fiction*. New York : Oxford University Press, 1967.
Kort, Wesley. *Narrative Elements and Religious Meanings*. Philadelphia : Fortress Press, 1975.
Lanser, Susan Sniader. *The Narrative Act : Point of View in Prose Fiction*. Princeton : Princeton University Press, 1981.
Leitch, Thomas. *What Stories Are : Narrative Theory and interpretation*. University Park, Pa. : Pennsylvania State University Press, 1986.
Martin, Wallace. *Recent Theories of Narrative*. Ithaca, N.Y. : Cornell University Press, 1986.
Mitchell, W.J.T., ed. *On Narrative*. Chicago : University of Chicago Press, 1981.

Perrine, Laurence. *Story and Structure*. 4th ed. New York : Harcourt, Brace, Jovanovich, 1974.
Prince, Gerald. *A Grammar of Stories : An Introduction*. The Hague : Mouton Publishers, 1973.
Prince, Gerald. *Narratology : The Form and Functioning of Narrative*. Berlin : Mouton Publishers, 1982.
Rimmon-Kenan, Shlomith. *Narrative Fiction : Contemporary Poetics*. London : Methuen, 1983.
Scholes, Robert, ed. *Approaches to the Novel : Materials for a Poetics*. Rev. ed. San Francisco : Chandler Publishing Co., 1966.
Scholes, Robert, and Kellogg, Robert. *The Nature of Narrative*. New York : Oxford University Press, 1966.
Stanzel, Franz K. *A Theory of Narrative*. Trans. C. Goedsche. Cambridge : Cambridge University Press, 1984.
Stevick, Phillip, ed. *The Theory of the Novel*. New York : Free Press, 1964.
Uspensky, Boris. *A Poetics of Composition : The Structure of the Artistic Text and Typology of a Compositional Form*. Trans. V. Zavarin and S. Wittig. Berkeley and Los Angeles : University of California Press, 1973.
Wellek, Rene, and Warren, Austin. *Theory of Literature*. 3d ed. San Diego : Harcourt, Brace, Jovanovich, 1975.

2. 문학비평과 성경 서사이야기

Alter, Robert. *The Art of Biblical Narrative*. New York : Basic Books, 1981.
Beardslee, William A. *Literary Criticism of the New Testament*. GBS. Philadelphia : Fortress Press, 1969.
Berlin, Adele. *Poetics and Interpretation of Biblical Narrative*. Sheffield : Almond Press, 1983.

Clines, D.;Gunn, D.;and Hauser, A., eds. *Art and Meaning. Rhetoric in Biblical Literature.* JSOTSS 19. Sheffield : JSOT Press, 1983.
Culpepper, R. Alan. *Anatomy of the Fourth Gospel : A Study in Literary Design.* Philadelphia : Fortress Press, 1983.
Frei, Hans W. *The Eclipse of Biblical Narrative. A Study in Eighteenth and Nineteenth Century Hermeneutics.* New Haven Conn. : Yale University Press, 1974.
Frye, Northrop. *The Great Code : The Bible and Literature.* New York : Harcourt, Brace, Jovanovich, 1982.
Funk, Robert W. *The Poetics of Biblical Narrative.* Sonoma, Calif. : Polebridge Press, 1988.
Funk, Robert W. *The Poetics of Biblical Narrative.* Sonoma, Calif. : Polebridge Press, 1988.
Green, Garrett, ed. *Scriptural Authority and Narrative Interpretation.* Philadelphia : Fortress Press, 1987.
Jasper, David. *The New Testament and the Literary Imagination.* Atlantic Highlands, N.J. : Humanities Press, 1987.
Keegan, Terence. *Interpreting the Bible : A Popular Introduction to Biblical Hermeneutics.* New York : Paulist Press, 1985.
Kermode, Frank. *The Genesis of Secrecy : On the interpretation of Narrative.* Cambridge : Harvard University Press, 1979.
Kingsbury, Jack Dean. *Conflict in Luke : Jesus, Authorities, Disciples.* Minneapolis : Fortress Press, 1991.
Kingsbury, Jack Dean. *Conflict in Mark : Jesus, Authorities, Disciples.* Minneapolis : Fortress Press, 1989.
Kingsbury, Jack Dean. *Matthew As Story.* 2d edition. Philadelphia : Fortress Press, 1988.
Kingsbury, Jack Dean. *The Christology of Mark's Gospel.* Philadelphia : Fortress Press, 1983.
Kort, Wesley. *Story, Text and Scripture. Literary interests in Biblical Narrative.* University Park, Pa. : Pennsylvania State

University Press, 1988.
Longman, Tremper. *Literary Approaches to Biblical Interpretation.* Grand Rapids, Mich. : Zondervan, 1987.
McKnight, Edgar. *The Bible and the Reader. An Introduction to Literary Critism.* Philadelphia : Fortress Press, 1985.
Moore, Stephen. *Literary Criticism and the Gospels : The Theoretical Challenge.* New Haven, Conn. : Yale University Press, 1989.
Petersen, Norman R. *Literary Criticism for New Testament Critics.* GBS. Philadelphia : Fortress Press, 1978.
Poland, Lynn. *Literary Criticism and Biblical Hermeneutics.* AARAS 48. Chico, Calif. : Scholar's Press, 1985.
Rhoads, David and Michie, Donald. *Mark As Story : An Introduction to the Narrative of a Gospel.* Philadelphia : Fortress Press, 1982.
Spencer, Richard, ed. *Orientation by Disorientation. Studies in Literary Criticism and Biblical Literary Criticism Presented in Honor of William A. Beardslee.* PTMS 35. Pittsburgh : Pickwick Press, 1980.
Sternberg, Meir. *The Poetics of Biblical Narrative : Ideological Literature and the Drama of Reading.* Bloomingtion, Ind. : Indiana University Press, 1985.
Talbert, Mary Ann. *Sowing the Gospel : Mark's World in Literary-Historical Perspective.* Minneapolis : Fortres Press, 1989.
Tannehill, Robert. *The Narrative Unity of Luke-Acts : A Literary Interpretation.* 2 vols. Philadelphia and Minneapolis : Fortress Press, 1986 and 1990.

서사비평이란 무엇인가?

초판발행　1993년 10월 20일
7쇄발행　2024년 3월 20일

지 은 이　마크 알렌 포웰
옮 긴 이　이종록
펴 낸 이　진호석
펴 낸 곳　한국장로교출판사
주　　소　03128 서울특별시 종로구 대학로3길 29, 신관 4층(연지동, 총회창립100주년기념관)
전　　화　(02) 741-4381 / 팩스 741-7886
영 업 국　(031) 944-4340 / 팩스 944-2523
등　　록　No. 1-84(1951. 8. 3.)

ISBN 978-89-398-0152-3 / Printed in Korea
값 12,000원

책임편집　정현선　**편　집**　오원택 김효진 박신애　**디자인**　남충우
경영지원　박호애　**마 케 팅**　박준기 이용성 성영훈 이현지

※ 이 출판물은 저작권법에 의해 보호 받는 저작물이므로 무단전재와 무단복제를 할 수 없습니다.